Hans Jürg Braun (Hrsg.) • Ludwig Feuerbach und die Fortsetzung der Aufklärung

THEOPHIL

Zürcher Beiträge zu Religion und Philosophie
herausgegeben von Helmut Holzhey und Fritz Stolz †

11. Band
Hans Jürg Braun (Hrsg.)
Ludwig Feuerbach und die Fortsetzung der Aufklärung

Hans Jürg Braun (Hrsg.)

Ludwig Feuerbach
und die Fortsetzung der Aufklärung

Pano Verlag
Zürich

Die Deutsche Bibliothek – Bibliographische Einheitsaufnahme
Die Deutsche Bibliothek verzeichnet diese Publikation in der Deutschen Nationalbibliographie; detaillierte bibliographische Daten sind im Internet
über http://dnb.ddb.de abrufbar

Umschlaggestaltung
g : a gararic : ackermann www.g-a.ch

Druck
ROSCH Buch, Scheßlitz

ISBN 3-90757654-3

www.pano.ch

Inhaltsverzeichnis

Einleitung

Hans-Jürg Braun

1.

Die in diesem Band versammelten Arbeiten richten sich auf zwei Schwerpunkte: zum einen auf Feuerbach und sein Aufklärungsverständnis, zum anderen auf die Folgen bzw. Fortsetzungen Feuerbachs bis in unser Jahrhundert. Die Texte von Endre Kiss und Francesco Tomasoni unternehmen das Erstere, die von Hans-Jürg Braun/Heinrich Mettler, Ursula Reitemeyer, Judith Sieverding und Hans-Jürg Braun das Letztere. Werner Schuffenhauer bereichert das Ganze mit seinem Beitrag, der einen bis dato unpublizierten Brief Feuerbachs behandelt.
Anlässlich einer Tagung, die die Internationale Gesellschaft der Feuerbach-Forscher (Societas ad studia de hominis condicione colenda) Ende Oktober 2000 in Zürich abhielt, wurden die Beiträge von Braun/Mettler, Reitemeyer und Tomasoni als Referate einer interessierten Öffentlichkeit dargeboten.
Die Tagung wurde ermöglicht durch die Marie-Gretler-Stiftung an der Universität Zürich. Unser besonderer Dank gilt Prof. Dr. Helmut Holzhey, ohne dessen Unterstützung weder die Tagung noch diese Publikation möglich gewesen wären. Danken möchten wir auch der Schweizerischen Akademie der Geistes- und Sozialwissenschaften und der Stiftung Akademie ethische Forschung für ihre finanzielle Unterstützung sowie Frau Myrta Zielke für die sorgfältige Gestaltung der Druckvorlage.

2.

Ludwig Feuerbach hat mit seinem Lebenswerk zwei Themen diskutiert: erstens die aus der Kritik der spekulativen Philosophie erwachsene Destruktion überkommener Religiosität, zweitens die Grundlegung einer künftigen Anthropologie. Feuerbach liest die Texte zur Religion neu, d.h. im Verfolg einer genetisch-kritischen Betrachtung soll das Ursprüngliche und damit auch das Echte, das der Lauf der Geschichte verstellt und verfälscht, zurückgewonnen werden. Dabei geschieht eine Transformation des Religiösen. War vordem der Mensch als Geschöpf Gottes von einer Botschaft seines Schöpfers abhängig und somit ein auf dieser Erde lebendes Wesen unter einem metaphysischen Himmel, so zeigt sich Religion nach vollzogener genetisch-kritischer Analyse nicht mehr im Sinne der eben angedeuteten Abhängigkeit, sondern im Sinne eines neuen Bildungsverständnisses. Religiös ist nach Feuerbach der Mensch, der über sich selbst erheblich einsichtiger urteilt, der einzusehen gelernt hat – insofern ist er gebildet –, dass er selbst und nicht ein Gott seine Welt schafft. Der Mensch ist in letzter Instanz der seine Welt verantwortlich Gestaltende. Die Verantwortung für seine Welt, wozu erstrangig der Mitmensch gehört, kann nie wegdiskutiert oder an einen Gott zurückgegeben werden. Die Metaphysik im überkommenen Denken und mit ihr eine philosophische Theologie, die bei Hegel ihre letzte Aufgipfelung erfährt, fallen aus Abschied und Traktanden. Im Blick auf diesen Bruch mit einer grossen Tradition Europas ist Ludwig Feuerbach eine Schlüsselgestalt.

Feuerbach fordert die Ganzheit des Menschen zurück. Seine Grundthese lautet: Der Mensch kann sich selbst ohne einen Gott finden. Der Mensch, der sich selbst gefunden hat, vermag sich zu bescheiden. Seine Wünsche werden realitätsbezogener, man könnte tiefenpsychologisch sagen: weniger neurotisch als vordem. Ist Religion verstehbar als Relation des Menschen zu etwas Anderem, einem Nichtmenschlichen, Göttlichen, so ist nach Feuerbach Religion als Mitmenschlichkeit im Miteinandersein fundiert. Ich und Du erst ergeben den ganzen, den wahren Menschen. In ihrem Bezug zueinander entsteht das Göttliche. Religion bekundet unverstellte, uneingeschränkte Mitmenschlichkeit und Weltlichkeit. Unverstellt ist ein Mensch, der seinen Gott gewissermassen zur anderen Hälfte in sich selbst gefunden hat. Die Gottheit im neuen Verständnis Feuerbachs konstituiert sich aus dem innersubjektiven, innerseelischen Anteil wie aus dem intersubjektiven, mitmenschlichen Anteil in gelebter Solidarität. Religion gilt nicht nur als ein bestimmtes Erkenntnisobjekt (im Bereich, der Religion genannt wird, erscheinen unzählige Objekte: Mythen, heilige Räume, heilige Zeiten, Gestalten etc.), sondern eine der wichtigsten Erkenntnisquellen für die menschliche Natur. Wer etwas Relevantes über die Mitwelt und Umwelt wissen will, interessiere sich für deren Religion. Die genetisch-kritische Methode, die Feuerbach übt, leitet Religion aus Nichtreligiösem, aus Welt und Mitwelt ab. Es sind urmenschliche Grössen, Existenzialien wie Furcht und Hoffnung, die bewirken, dass der Mensch religiöse Phänomene produziert. David Hume, Sigmund Freud waren vor und nach Feuerbach markante Vertreter dieser Konzeption.

3.

Die Methode, die die Aufklärung benutzt, lässt sich als eine Art Subtraktion charakterisieren. Es geht darum, die Religion zu reinigen: Der Aberglaube als Glaube an die Wirkung naturgesetzlich unerklärter Kräfte muss eliminiert werden. Es geht um die Trennung des empirischen Äusseren vom nichtempirischen Wesen bzw. von der Wahrheit der Religion. Das Wesen der Religion wird in der Aufklärung auf die bekannten Grössen Gott, Freiheit und Unsterblichkeit eingeschränkt. Immanuel Kant zeigt, dass es sich um Postulate handelt, mit denen sich ein purgierter Glaube, «Die Religion innerhalb der Grenzen der blossen Vernunft», befasst. Von diesen drei Vernunftpostulaten wird gesagt, sie seien der natürliche Bestand an Religion bei allen Völkern. Was dann dazukommt, kann nur abfällig beurteilt werden. Im Anschluss an diese Subtraktionsmethode bietet sich die von Hegel geübte Interpretationsmethode an: die Philosophie interpretiert die Religion, indem sie aufweist, dass Religion in ihrem wahren Wesen eigentlich Philosophie ist. Was die Philosophie adäquat in der abstrakten Form des Begriffs vermittelt, das stellt die Religion in der bildlichen Form der Anschauung vor. Anschauung ist für die bestimmt, die sich nicht zum Reflexionsniveau der Philosophie im Sinne Hegels aufzuschwingen vermögen. Dem, der nicht genug Verstand besitzt, muss die Wahrheit in einem Bild gesagt werden. Religion verliert ihre Selbständigkeit. Für Hegel sind die Anschauungsformen der Religion den Begriffsformen der Philosophie nicht gleichberechtigt, sondern etwas Geringeres. Sören Kierkegaard wirft Hegel vor, er mache die Religion zu einer Hilfsschulklasse, in der Sphäre des Intellekts zu einem Asyl für schwache Köpfe. Kierkegaard hat gegen Hegel betont: Religion – d.h. für ihn die christliche – ist eine Sphäre sui generis.

Zwei weitere Zugänge zum Religiösen sind die folgenden: Einmal die römisch-katholische Religionsauffassung, die an ihre Dogmen, an ihre Kirchenlehre gebunden ist. Das Wesen des Christentums als Religion in Höchstform lässt sich finden, wenn man alle dogmatischen Aussagen zusammennimmt, *addiert* – deshalb Additionsmethode genannt. Aber da prinzipiell jederzeit neue Dogmen vom unfehlbaren päpstlichen Lehrstuhl formuliert werden können, erreicht der Wesensbegriff von Religion nie seine Perfektion. Er ist nur perfektibel. Zum anderen steht dem gegenüber eine Auffassung, die sich heute auch unter Protestanten z.B. in USA findet, wonach die göttliche Wahrheit ein für allemal in wörtlich zu nehmendem Text der kanonisierten biblischen Schriften geoffenbart ist; hier gründet der Fundamentalismus. Das Christentum ist dann die perfekte Religion. Seine Identität, aus dem fixierten Wortbestand der Bibel abgeleitet, gibt dieser Methode den Namen: Identitätsmethode. Und schliesslich: Als ein entscheidender methodischer Zugang zum Religiösen in der heutigen Diskussion gilt der funktionale. Das Wesenverständnis von Religion erscheint jeder Statik bar. Religion wird als Funktion einer Reihe von Faktoren betrachtet, die als veränderliche wie unveränderliche auftreten können. Die variablen Faktoren gehen mit den Zeitläufen; sie sind irgendwann nicht mehr dieselben. Im Rahmen dieser Methode bleibt offen, ob es in Sachen Religion nicht auch noch unbekannte überzeitliche Faktoren gibt. Religion hat also nicht einfach eine zeitlose Identität. Religion ist immer geschichtlich bestimmt und somit einem dynamischen Prozess unterworfen, der aber nicht völlig durchsichtig gemacht werden kann. «Es gibt keine evolutionären Zwänge, die die Religionsentwicklung auf vorgezeichnete Bahnen führen», sagt Niklas Luhmann.[1] Die Funktion der Religion, wie sie hier gesehen wird, meint Vergesellschaftung des Umgangs mit Transzendenz. Die Funktionsmethode der Religionssoziologie geht davon aus, dass Religion etwas allgemein Menschliches ist, und zwar in dem Sinne, dass sie den Menschen zum Menschen werden lässt. Damit sind wir fraglos in der Nähe Ludwig Feuerbachs.

4.

Es ist die Funktion der Religion, menschliches Dasein zu stabilisieren – und zwar angesichts besonders kritischer chaosnaher Momente in der lebensweltlichen Erfahrung. Religion gestaltet einen geregelten Umgang mit der Transzendenz – sei dieser nun als personale Gottheit oder als apersonales Göttliches definiert. Religion stützt die gesellschaftliche Ordnung jeweils im Flusse der dynamischen Geschichte. Religion ermöglicht dem Menschen, einen Sinn zu finden, ohne den er angesichts zerstörender Einbrüche nicht leben kann. Feuerbachs Methode ist ein möglicher Zugang zum Religiösen, gerade dort, wo sich der Mensch einen Gott zurechtlegt, der seinen menschlichen Zwecken dienen soll. Feuerbach stimuliert zur Dauerreflexion auf diese anthropomorphisierende Tendenz und die in ihr sichtbar werdende Sprachproblematik. Reden über die Gottheit oder das Göttliche ist menschlich.

Was Feuerbach am Ende unterstreicht, ist das Postulat der Verweigerung des Einverständnisses mit der geschichtlichen Wirklichkeit in geistiger, sozioökonomischer wie speziell politischer Hinsicht. Es war durchaus auch Feuerbachs und nicht Marxens Thematik, die irdischen Bosheiten nicht erst im Himmel ausgeglichen zu sehen. Ich denke, man darf gerade in einer sich abzeichnenden Epoche neuer Irrationalismen, der blossen Gefühlserlebnisse, Religion im Sinne Feuerbachs verstehen als die aufgeklärte Verewigung des Einverständnisses, die sich permanent verwiesen sieht auf menschliche Rationalität und Freiheit, d.h. auf die Notwendigkeit, durch eine im Denken erprobte Handlungsstrategie die Welt nicht so zu belassen,

[1] N. Luhmann, *Funktion der Religion,* Frankfurt 1977, S. 38.

wie sie ist: Religion muss Politik werden, sagt Feuerbach, wenn er auch konkret zu dieser These kaum mehr Erläuterung bietet. Aufklärung, Rationalität als Bildung werden uns von Feuerbach nahegelegt. Er hat immer wieder unterstrichen, dass der spekulative Dialektiker dem Rätsel des Lebens gegenüber versagt. Aber gerade das heisst für ihn nun nicht, in Folge dieses Versagens zum religiösen Glauben überlaufen zu müssen. Was sich meldet, ist Feuerbachs Einsicht in den Bezug von Theorie und Praxis. Praxis ist erforderlich; Theorie allein löst die Probleme nicht. Eine diskutable Praxis ist intersubjektiv bestimmt, sie ist zielgerichtet, kognitiv ausgedacht. Feuerbach hat durchaus gesehen, dass der, der sich andererseits nur auf den praktischen Standpunkt stellt, die Natur zerstören könnte: «Da macht er die Natur zur *untertänigsten Dienerin* seines selbstischen Interesses, seines praktischen Egoismus».[2] Hier das für den Menschen und die Sozietät erforderliche Gleichgewicht herbeizuführen, steht zweifellos in Feuerbachs Absicht. Insofern zeigt sich als eine Konsequenz aus seiner genetisch-kritischen Lesart von Religion der die Praxis stabilisierende Zug theoretischen Erwägens, philosophischen Reflektierens. Es tritt der Kontingenz bewältigende Impetus von Religion – durchaus im Sinne einer funktionalen Betrachtung – zu Tage.

5.

Die Frage, wo wir heute stehen, ist kaum so umfassend zu beantworten, dass die Antwort in jeder Hinsicht genügend wäre. Die Frage lautet: Ist unser Zeitalter insgeheim noch theistisch, oder ist es bereits ein nachtheistisches? Ein eventuell immer noch theistisches Zeitalter, das einen personalen Gott kannte, weil es ihn benötigte, vermag kaum den Anspruch Feuerbachschen Denkens einzulösen. Ein nachtheistisches Zeitalter vermöchte sich anders zu verhalten, wenn wir bei Feuerbach lesen: Religion ist im Kern «der Glaube an Gott als Glaube an die Unendlichkeit seiner selbst».[3] Feuerbach hat Religion haben als ein Denken an Andere qualifiziert. Seine letzten Aussagen zum Religiösen verweisen auf ein transpersonales Umfassendes: die Natur, nicht in ihrer Göttlichkeit, aber als Basis menschlichen Lebens und Erlebens: die Natur, der Kosmos, von dem wir abhängig sind. Was sie bzw. er uns gibt und womit wir – vereint mit den Menschen um uns herum – etwas herrichten, zu unserem Wohl, das will Feuerbach heilig sprechen. Das Göttliche ist in der Immanenz. Es waltet im Menschen hier und jetzt, heute und morgen. Der Mensch ist im Verständnis Feuerbachs religiös, wenn er an den anderen Menschen denkt, wenn ihm Solidarität kein leeres Wort bleibt. Was Feuerbach am Ende als

[2] L. Feuerbach, *Das Wesen des Christentums,* GW 5, Berlin 1973, S. 207.
[3] Ebenda, S. 314.

Religion behält, lässt sich – vielleicht einmal nur im Sinne eines Gedankenexperimentes – in die Nähe anderer Religionen rücken.
Der Vedanta als Religion Indiens eröffnet eine Möglichkeit, dass der Mensch das Göttliche auf verschiedenen Wegen erreichen kann. Der Optimismus von Advaita Vedanta akzeptiert die Göttlichkeit des Menschen. Wir können dort, wo der Gottheit ihre persönlichen Züge genommen werden und ein tragendes apersonales Göttliches den nach Mündigkeit rufenden Menschen befriedigt, Feuerbach in derartige Zusammenhänge einrücken. Mit seiner Theorie des Wunsches als dem Letzten, wenn man von Religion spricht, hat Feuerbach freilich den Bereich ausgeblendet, der in östlicher wie auch in westlicher, namentlich mystischer Sicht wohl der wichtigste ist, wenn es um den Menschen geht: den Appell zur Wunschlosigkeit. Leben ohne Eigenschaft ist Meister Eckharts Ruf, Handeln ohne Blick auf die möglichen Früchte postuliert für sich der Karma Yogi. Solange der Mensch in seinen Wünschen lebt und sein Menschsein von deren Erfüllung bzw. Nichterfüllung abhängt, ist das, was als Religion angesprochen werden kann, noch eine Stufe unterhalb dessen, was Religion als Mystik über den Menschen weiss: dass nämlich der Mensch sein wahres Menschsein nur findet, wenn er sich loslässt. Feuerbach hat in seiner Frühzeit durchaus in mystischen Bahnen gedacht und das Loslassen einer idealistisch verstandenen Persönlichkeit gefordert. Später hat er den ganzen Menschen gesucht, den emanzipierten, sinnlichen, aber auch intellektuellen Menschen. Er hat das Triebpotential als eine letzte Entdeckung in seine Überlegungen eingebracht. Die Frage aber, ob der Mensch nicht sein Menschsein erst dann ganz zu verwirklichen vermag, wenn er seine Wünsche verabschiedet, loslässt, diese Frage hat er für die Lebenden nicht gestellt, höchstens angesichts des Todes davon gesprochen.
Feuerbach hat also etwas am Religiösen nicht thematisiert, das Religion in ihrer Relevanz für menschliches Dasein deutlich werden lässt: den Umgang mit dem Leben, ohne dabei Leben zu zerstören, aber es dabei innerlich loszulassen – von der Not eigener Wünsche frei zu werden –, über das in blossem Lebensdrang gefesselte Dasein hinauszuwachsen, zu transzendieren. Der Mensch, der sein Wünschen loslässt, transzendiert und beginnt, sein Menschsein zu verwandeln. Feuerbach transformiert überkommene Religion auf den unverstellten Menschen hin, den er in seiner nackten Wunsch-Existenz als das letzte Wort akzeptiert. Für Feuerbach fügen sich die zuerst an Theologie und Kirche gemachten Beobachtungen zum Bild eines die Tradition beherrschenden Weltentwurfs, den es aufzuheben gilt; so wird die Fortsetzung der Aufklärung in Gang kommen.

Ein Versuch, Ludwig Feuerbachs Begriff der Aufklärung zu bestimmen

Endre Kiss

Es ist eine seit langem im Raum schwebende energische philosophische *Herausforderung*, Ludwig Feuerbachs *spezifisches Aufklärertum* mit *adäquaten* Begriffen zu beschreiben. Die ins Auge springende Schwierigkeit besteht vor allem darin, dass, während sich relevante Denkschemata von Feuerbach von denen der klassischen oder auch der idealtypischen Aufklärung in kategorialem wie systematischem Sinne erheblich unterscheiden, der Geist, aber auch die ganze Richtung seines Philosophierens wie eine fleischgewordene Aufklärung erscheinen muss.

Seit zweihundert Jahren gehört es zur Seriosität eines philosophischen Ansatzes, die philosophische Definition der Aufklärung mit derjenigen Kants in Angriff zu nehmen, die folgendermassen lautet: «Aufklärung ist der Ausgang des Menschen aus seiner selbst verschuldeten Unmündigkeit».[1] Wie es aber auch im Falle anderer Definitionen von grosser Tragweite nicht gerade selten der Fall ist, macht Kants Definition der Aufklärung es nicht allzu leicht, dieses Phänomen tatsächlich zu bestimmen. Problematisch scheint zunächst, dass der zu erreichende Stand der Mündigkeit trotz ihrer annehmbaren positiven Werte nicht identisch mit einem *Prozess* der Aufklärung sein kann. Damit hängt es auch zusammen, dass der Zustand der «Unmündigkeit» nicht restlos mit demjenigen des «Unaufgeklärtseins» zusammenfällt.[2] Nicht zuletzt haben wir unsere Probleme auch mit dem Element des «Selbstverschuldetseins» im Zustand der Unmündigkeit, da diese Attribution schon in sich ein klares Werturteil enthält, welches sich

[1] I. Kant, Beantwortung der Frage: Was ist Aufklärung?, in: *Werke,* hg. von Wilhelm Weischedel, Frankfurt am Main 1968, Bd. 11, S. 53.

[2] Einerseits halten wir das Begriffspaar «mündig-unmündig» für die Bezeichnung des aufklärerischen Problems auf eine synthetisch-komplexartige Weise für sehr glücklich, denn dieses Begriffspaar drückt analytisch *ansonsten* kaum isolierbare Tatbestände auf eine gelungene synthetische Weise aus. Andererseits fehlt an diesem Begriffspaar der Hinweis auf den emanzipativen geistigen Prozess, der den Zustand des Unaufgeklärtseins von demjenigen des Aufgeklärtseins trennt, wobei die Betonung auf allen drei Worten, d.h. auf «emanzipativ», «geistig» und «Prozess», gleichermassen liegen muss.

von anderen Definitionsversuchen der Aufklärung bei der Beurteilung eines hypothetisch angenommenen Urzustandes der Menschheit deutlich unterscheidet.[3]

Aufklärung im positiven Sinne ist eine Praxis, und zwar eine sehr konkrete und vielschichtige. Aufklärung ist keine selbständige *Philosophie*, weder eine philosophische Konzeption noch ein philosophisches System, auch wenn ihre Inhalte wegen im breitesten Sinne formulierter historischer Gründe meistens auf eine gewisse philosophische Richtung hinweisen.[4] Aufklärung ist aber auch keine selbständige, autochthone *Ideologie*, auch wenn sie ebenfalls wegen historischer und vor allem sozialer Gründe ideologische Formen annimmt.[5] Aufklärung ist somit eine sehr seltene und eigenartige, gleichzeitig intellektuell-geistige und soziale Praxis. Niemand kann sich selber aufklären. Jemand wird aufgeklärt, indem er dieser Praxis von anderen teilhaftig gemacht wird.

Eine der allerwesentlichsten Voraussetzungen jeder Aufklärung im engeren Sinne ist die Annahme, dass der Mensch ein Wesen ist, der von seinen Einsichten, Meinungen, Überzeugungen geleitet wird. Nur beim Bestehen dieser Annahme kann über Aufklärung eigentlich die Rede sein. Ein anderer Ausgangspunkt mit anderen anthropologischen Voraussetzungen würde Aufklärung überhaupt nicht zulassen. Kein Zufall, dass der klassische Aufklärer, Voltaire, in einem seiner aufklärerischen Hauptwerke die folgende Definition formuliert: «...l'opinion est la reine des hommes».[6] Erst auf dieser Grundlage wird die Aufklärung zur Umwertung.

[3] Uns scheint, dass keine Konzeption der Aufklärung mit der Annahme einer «Ursünde», d.h. eines im einzelnen nicht näher ausgeführten «Selbstverschuldetseins» der Unmündigkeit zusammengehen kann. Mit anderen Worten: Es ist zwar klar, dass jede Vorstellung eines Urzustandes eine idealtypische Konstruktion ist (so dass eventuell eine genealogisch-historische Faktizität des historischen Selbstverschuldetseins etwa auf der Linie der Kantschen «ungeselligen Geselligkeit» ohne weiteres möglich sein kann), ohne eine ähnlich geartete Idealtypisierung ist jedoch jede Vorstellung über jede mögliche Aufklärung schon methodisch unvorstellbar.

[4] Es hat letzten Endes historische Gründe, weshalb gewisse philosophische, methodische und sonstwelche Einsichten eher zur Aufklärung gehören als andere. Denkt man aber an die Konzeption der «griechischen» Aufklärung oder an einige «religiöse» Aufklärungswellen, so wird die doch letztlich bestehende historische Relativität der aufklärerischen Inhalte schlagartig bewusst.

[5] Daher die immer wiederkehrenden Probleme bei dem Versuch, die Aufklärung mit ideologischen Inhalten zu definieren, bzw. zu beschreiben. Dieselbe Tatsache, szientistische These nämlich, die in einem Kontext genuin aufklärerisch ist, verliert diesen ihren aufklärerischen Charakter schon in einem anderen Kontext. Elemente werden aufklärerisch nur in einem Kontext der praktizierten und aktuellen Aufklärung. Nicht die ideologische Komponente macht eine Tatsache, These etc. aufklärerisch, vielmehr umgekehrt, der aufklärerische Kontext macht Tatsachen, Thesen, etc. ideologisch.

[6] Voltaire, *La Dictionnaire philosophique,* Paris 1967, S. 347.

Aufklärung ist also eine spezifische Praxis, die von bewussten Protagonisten willentlich ausgeführt wird, die die Meinungen, Ansichten, Urteile der anderen verändern wollen. Dies ist aber beinahe das genau Konträre dessen, was Kant in seiner Definition vertreten hat. Es geht hier nicht darum, dass der Mensch aus eigener Kraft aus seiner Unmüdigkeit *heraustritt,* es heisst, dass der Mensch in einen breiten sozialen und intellektuellen Prozess *aufgenommen wird.* Selbstverständlich kann in diesem Zusammenhang auch nicht von «Selbstverschuldetsein» die Rede sein. Eine Aufklärung ist also eine umfassende soziale Praxis, die letztlich auf die Veränderung der ganzen bisherigen Praxis grundsätzlich gerichtet ist. Aufklärung ist Einsicht in die Notwendigkeit, dass eine Veränderung der ganzen sozialen Praxis durch die Veränderung der «Meinungen», Einstellungen, Werturteile etc. nicht nur herbeigeführt werden kann, sondern so auch herbeigeführt werden soll und muss. Man muss also die vorherrschenden Werte im Laufe einer zielbewussten Praxis verändern. Man muss das Bewusstsein generell verändern und anstatt des «falschen» das «richtige» Bewusstsein setzen.[7] Jede Aufklärung sieht im Bewusstsein ihrer Zeit das fleischgewordene «falsche» Bewusstsein und steckt sich dementsprechend das Ziel, dieses Bewusstsein zu verändern. Handelt man so, ist man in jeder historischen Epoche ein Aufklärer.

In dieser ihrer grundsätzlichen Einstellung, die ja vorwiegend *gesellschaftsontologisch* begründet ist, gerät die Aufklärung bzw. der Aufklärer in eine eigenartige philosophische Situation. *Sie wollte zwar ursprünglich keine genuin philosophischen Probleme lösen*, sie wollte ursprünglich die Meinungen, Urteile von Menschen verändern, sie kann sich aber vor der Lösung gewisser philosophischer Probleme nicht verschliessen.

Einerseits muss der Aufklärer als *Kritiker des Alltagsbewusstseins* auftreten. Eben als Kritiker des *falschen* Bewusstseins im Alltagsbewusstsein tritt er aber auch als Kritiker der Metaphysik auf. Dies ergibt die vorhin angesprochene Eigenart der aufklärerischen philosophischen Problematik, einer Problematik, die in anderem Kontext überhaupt nicht entstehen kann.[8]

[7] Uns scheint, dass die ursprünglich ins Umfeld des Marxismus gehörende Begriffspolarität «falsches» und «richtiges» Bewusstsein in diesem Zusammenhang in wissenssoziologischer Sicht ohne weiteres anwendbar ist. Es gibt zwar gewiss kein verbrieftes «richtiges» Bewusstsein, weil dessen Kriterien notwendig fehlen müssen. Bei der Erkenntnis des falschen Bewusstsein als «falsch» entsteht aber eine Dimension der «Richtigkeit», die in unserem Zusammenhang zweifellos akzeptiert werden muss.

[8] Ohne den Kontext der genuin aufklärerischen Aufgabe und Funktion wäre beispielsweise eine gleichzeitige Kritik des Alltagsbewusstseins und der Metaphysik kaum vorstellbar, denn sie gehören in andere Diskursformen der Philosophie. Der Zusammenhang besteht aber auch noch in umgekehrter Form: Eine gleichzeitige Kritik des Alltagsbewusstseins und der Metaphysik ist in der Regel – wie es auch bei Friedrich Nietzsche geschieht – schon Aufklärung.

Fasst man diese Bestimmungen der Aufklärung, bzw. der aufklärerischen Position auch als *Kriterien* jeder Aufklärung auf, so kann Friedrich Nietzsche ein aufklärerischer Philosoph genannt werden. Seine, den vorgeführten Kriterien voll entsprechende Aufklärung muss selbstverständlich im Kontext seiner Zeit, d.h. des dritten Drittels des neunzehnten Jahrhunderts gedeutet werden.

Bei der Kategorisierung Ludwig *Feuerbachs* als Aufklärer muss gleich ins Bewusstsein gerufen werden, dass bei weitem nicht ein Phänomen wie Feuerbach allein als «neuer» Aufklärer genannt sein soll. Immer neuere, kleinere, aber auch grössere Wellen der Aufklärung traten auf, wie beispielsweise die mit Josef *Popper-Lynkeus* und Ernst *Mach* zu charakterisierende Welle der sogenannten *«zweiten» Aufklärung* Österreich-Ungarns,[9] über so umfassende Lebenswerke wie das von Friedrich *Nietzsche* ganz zu schweigen. Wie zu jeder wirklichen Aufklärung, gehört ferner auch zu Feuerbachs Aufklärung ein «ökumenisch-gesamtmenschlicher» Zug, in welchem die gesamtmenschliche Dimension des aufklärerischen Ansatzes auf eine neue Weise artikuliert wird.[10] Der aufklärerische Ansatz ist auch bei Nietzsche zwar immer konkret, er ist aber immer gesamtmenschlich-ökumenisch, er betrachtet den Menschen als einen Teil dieser Gesamtmenschlichkeit, hält aber auch einen positiven Zustand, den Zustand eben des «richtigen» Bewusstseins vor Augen, der eine gesamtmenschliche Option darstellt. Dies zu betonen ist nicht nur wichtig, damit Ludwig Feuerbachs ökumenischer Ansatz klar wird, sondern auch aus dem Grunde, weil zahlreiche spätere Ansätze, die zwar aufklärerisch scheinen, mangels dieses emanzipativ-ökumenischen Bezuges doch nicht vollgültig aufklärerisch angesehen werden können. So beispielsweise kann das *Phänomen des Kulturkampfes*, welches zwar in buchstäblichem Sinne gegen die Kirche gerichtet worden ist, aus dem besagten Grunde nicht als aufklärerisch angesehen werden.[11] Ebenfalls sind bei weitem nicht alle radikalen politischen Ansätze aufklärerisch, deren Gegner ihrerseits «Gegner der Aufklärung» sind. Auf die gleiche Weise können Aspirationen einzelner politischer Klassen oder Gruppen in keinem Fall als aufklärerisch angesehen werden, die die nämliche (emanzipativ) ökumenisch-gesamtmenschliche Dimension nicht auf-

[9] Eingehend, auch in ihren aufklärerischen Velleitäten dargestellt im Buch des Verf. *Der Tod der k.u.k. Weltordnung in Wien,* Wien-Köln-Graz 1986.

[10] Dieser ökumenische Zug der Feuerbachschen Philosophie ist zwar untrennbar mit dem aufklärerischer Ansatz verbunden, seine Bedeutung geht aber darüber auch weit hinaus.

[11] Ein Vergleich der Feuerbachschen Aufklärung mit der Begleitideologie zum preussischen Kulturkampf würde ausser den systematischen und inhaltlichen Unterschieden auch auf wichtige *historische* Dimensionen hinweisen, die Nietzsche von Bismarcks Deutschland getrennt haben.

weisen.[12] Eine weitere mögliche Problematik stellen philosophische Systeme dar, die deutlich identifizierbare aufklärerische Inhalte tragen, denen aber wieder die ökumenisch-aufklärerische Dimension fehlt.[13]
Die vorhin skizzenhaft beschriebene Interpretation, was eigentlich Aufklärung sei, schreibt es geradezu vor, dass man zu Aufklärungsinterpretationen Stellung nimmt, die nicht so sehr das historische Phänomen «Aufklärung» beschreiben oder es zu verallgemeinern suchen, vielmehr dieses Phänomen in eigene theoretische Konstruktionen aufzuheben bemüht sind, um damit meistens direkt einen universalhistorischen Versuch zu machen, die Moderne, zumindest das Wesen der Neuzeit zu rekonstruieren. Sollte es um die *«Entzauberung der Welt»* Max Webers, die *«Dialektik der Aufklärung»* Horkheimer-Adornos oder das *«Projekt der Moderne»* Jürgen Habermas' gehen, so steht es fest, dass alle diese Konzeptionen (und auch diejenigen, die jetzt nicht erwähnt worden sind) selbständige Konstruktionen darstellen, die unabhängig von ihrer möglichen positiven oder negativen Beurteilung keine Alternative zu dem von uns vorhin umrissenen Bild der Aufklärung als einer spezifischen *Praxis* aufstellen können. Für die eigenen Belange der Feuerbach-Forschung ist diese Feststellung von nicht geringer Wichtigkeit. Erstens deshalb, weil man Feuerbachs angenommene Aufklärung unter diesen möglichen Alternativen kategorisieren muss. Zweitens ist es aber auch deshalb so, weil gerade diese (und die ähnlichen) selbständigen Konstruktionen Feuerbachs Philosophie oft für sich reklamieren. Im Lichte dieser Problematik soll unsere These sein, dass Ludwig Feuerbach ein Aufklärer *im ursprünglichen Sinne* der Aufklärung (die spezifische Praxis vom «falschen» zum «richtigen» Bewusstsein) ist und von keiner der hier angesprochenen Aufklärungsalternativen ganzheitlich in Anspruch genommen werden kann.[14]
Soll man Feuerbachs Philosophie auf ihren Kerngehalt hin charakterisieren, so scheint uns, dass sie sich im ganzen um das *Entfremdungsmodell* dreht. Dieses Modell ist in der Tat in der Lage, sämtliche bestimmenden Momente dieser Philosophie in sich aufzunehmen. Es ist ein generelles Problem

[12] Dies erscheint in manchen Fehlentwicklungen der linken Politik auf eine exemplarische Weise, der Mangel an ökumenischer Dimension löst rückwirkend die Legitimation entscheidender Dezisionen auf.

[13] Dafür ist für uns Karl R. Popper das vielsagendste Beispiel. Allerdings gibt es Beispiele auch für den umgekehrten Fall. Bei Ludwig Feuerbach wird meistens die universalhistorische und ökumenische Dimension der positiven Anthropologie (auch als Basis seiner Hegel-Kritik) nicht gesehen. Er wird meistens als ein «simpler» positiver Kritiker Hegels betrachtet, dessen Ansatz den universalhistorisch-ökumenischen Charakter mit Notwendigkeit ermangeln muss.

[14] Dies gilt freilich nur für die Akzeptanz der ganzheitlichen Vorstellungen. Die Anzahl der Konnexionen zwischen Nietzsche und Weber, Nietzsche und Horkheimer/Adorno, bzw. Nietzsche und Habermas ist kaum in einem einzigen Werk aufzuarbeiten.

der Feuerbach-Deutung, dass dieses Modell auf der einen Seite als *zu eng* und auf der anderen Seite als *zu breit* und *umfassend* erscheinen muss. Einerseits lässt sich nämlich das Entfremdungsmodell in wenigen Sätzen zusammenfassen, während andererseits Feuerbach dieses Modell in jeder Hinsicht und Richtung so öffnet, dass es dabei auch noch holistische Fragestellungen diskursiv artikulieren kann. Daraus folgt, dass die Frage nach den spezifischen Zügen der Feuerbachschen Aufklärungskonzeption sich mit dem Entfremdungsmodell mit der grössten Sorgfalt auseinandersetzen muss. Dies bedeutet nicht, dass wir nicht eine weitere ganze Reihe von Perspektiven für relevant halten würden. Um nur ein Beispiel zu nennen, so wäre es auch erforderlich, die Linien in Feuerbachs Lebenswerk systematisch zu verfolgen, welche wie eine kritische Fortsetzung der aufklärerischen Diskussion des achtzehnten Jahrhunderts selbst gelesen werden können.

Es ist nicht einfach, jenes Moment auszuwählen, welches als Teil und Element des Entfremdungsmodells den *Mittelpunkt der aufklärerischen Dimension* dieses Modells abgibt. Die spezifisch scheinende Schwierigkeit in dieser Bestimmung besteht darin, dass das Entfremdungsmodell zwei führende Perspektiven enthält, die sowohl inhaltlich wie in ihrem Aufklärungsbezug zwei durchaus unterschiedliche Bilder zur Schau stellen. Von der *einen*, der *positiven* Richtung aus erscheint als der zentrale Gehalt dieser Philosophie das menschliche Wesen, das Gattungswesen als evidente anthropologische Realität. Dieses Menschenbild kann nur *indirekt* zum Mittelpunkt der aufklärerischen Dimension erhoben werden, allerdings ist es auf diese Weise durchaus möglich. Einerseits muss die Realität des positiven Menschenbildes nur als Produkt aufklärerischer Aktivitäten sein. Andererseits muss jede Verletzung des aufklärerischen Denkens und der aufklärerischen Praxis zur Gefährdung der Positivität des Gattungswesens im Sinne Ludwig Feuerbachs führen. Eher scheint die *zweite,* die *negative* führende Perspektive des Entfremdungsmodells geeignet, zum Mittelpunkt von Feuerbachs Aufklärertum erwählt zu werden. Diese Dimension, wie wir noch eingehend darauf zu sprechen kommen werden, besteht aus dem Gebrauch eines kritischen Begriffspotentials, das zu einer grossen Anzahl aufklärerischer Analysen und Umwertungen führt.

Diese beiden führenden Perspektiven mögen manchmal sogar den Eindruck erwecken, dass die positive Dimension, das Feuerbachsche Gattungswesen, nicht nur nicht explizit aufklärerisch, sondern auch eine neue Formulierung der Religiosität und auf dieser Linie unmittelbar anti- oder postaufklärerisch ist. So *René Verdenal*: «Wenn man sich einen Hegel, Feuerbach, die utopischen Sozialisten oder sogar Kierkegaard ins Gedächtnis ruft, so bemerkt man, dass die Religion auf eine recht zwiespältige Weise kritisiert wird: Von der Kritik der Religion zur Kritik der Theologie. Der Atheismus soll beseitigt und die Religiosität gefeiert werden. Die Theologie wird als eine der Religion nicht entsprechende Äusserung zerstört. Die Zerstörung der Theologie lässt dann antitheologische Religionen entstehen. Die Religion blüht als religiöses Gefühl wieder auf. All dies ist von Feuerbach und Hegelianern wie Strauss oder Bruno Bauer gesagt und wieder gesagt worden.»[15] In dieser Beschreibung erscheint die vorhin thematisierte Dualität der führenden positiven und negativen Perspektive im Entfremdungskonzept. Vorläufig sei zum Problem nur so viel gesagt, dass das Kriterium des Religiösen, insbesondere ist es im Aufklärungskontext so, nicht die «Heiligung» eines Gegenstandes, sondern in aller Eindeutigkeit die Thematisierung des falschen und dadurch auch des richtigen Bewusstseins (und auf dem Wege die der Entfremdung) ist, so dass das positive Bild Feuerbachs über das Gattungswesen in unseren Augen als keine Relativierung des aufklärerischen Ansatzes aufgefasst werden dürfte. Dass beide Dimensionen der Feuerbachschen Philosophie im einzelnen *monoperspektivistisch* erscheinen, d.h. nicht der Multiperspektivismus etwa eines Friedrich Nietzsche erzielt wird, ändert in der Identifizierung der *par excellence* Aufklärungsproblematik in dieser Philosophie nicht viel, auch wenn dieses Moment an sich in der philosophischen Systematik eine grosse Rolle spielen kann.

Feuerbachs *postaufklärerisches Aufklärertum* erwies sich als ein Konzept mit einer gewaltigen *Integrationskraft.* Diese Integrationskraft war das Produkt einer meisterhaften positiven *Verdichtung* von zahlreichen Dimensionen der aktuellen philosophischen Probleme. Wie bewusst es vor sich gehen dürfte, kann man so gut wie überhaupt nicht beurteilen. Während es aber bei Hegel darum ging, das Historische und das Logische als einen Komplex konstruieren zu können, gelingt es Feuerbach, die Natur (die Materie) und das Logische in einen ähnlichen Komplex aufzuheben, dies aber so, dass diese «Verdichtung» der verschiedensten Fragestellungen in positivem Sinne legitim im Sinne des Denkens seiner Zeit ausfiel. In diesem verdichteten Komplex der Natur wurden die Probleme der engeren Natur, der Wissenschaft, der Ontologie, der menschlichen Natur, der Eudaimonismus, die Kritik an der Metaphysik, die Gattungsproblematik aufgehoben, wobei die einzelnen Facetten dieses Naturbegriffs mit dieser Auflistung bei weitem noch nicht ganz erschöpft sind.[16] Diese verdichtende Komplexierung der

[15] François Châtelet (Hg.), René Verdenal/Auguste Comte, in: *Geschichte der Philosophie. Ideen und Lehren,* Band V, Frankfurt am Main-Berlin-Wien 1974, S. 207-208.

[16] Ignoriert man diese Gleichzeitigkeit der beiden führenden Perspektiven von Feuerbachs Philosophie, so kommt man zu Formulierungen wie die folgende, die einerseits korrekt ist, andererseits aber dem Gesamtkonzept von Feuerbachs Entfremdungsphilosophie nicht gerecht wird: «...stossen wir (bei Feuerbach – E.K.) auf den Übergang vom Hegelianismus zum Materialismus der Jakob Moleschott, Ludwig Büchner, Carl Vogt...» Ernst von Aster, *Geschichte der Philosophie,* 15. Auflage, Stuttgart 1968, S. 360-361.

Naturproblematik ist aber auch mit der positiven Perspektive des Entfremdungskonzeptes identisch.
Durch diese spezifische Verdichtung entsteht *ein neues Positives,* das für die Analyse weitgehend singulär da steht. Dies bedeutet aber nicht, dass der Marx der *Feuerbach-Thesen* uneingeschränkt recht hätte, indem er das neue, von Feuerbach konstruierte Positive einfach als eine Umkehrung der Negation der Negation porträtiert, das im wesentlichen über keine weiteren Bestimmungen verfügt. Dieses Positive ist tatsächlich ein neues, es weist aber eine *neue innere «Logik»* auf, die ihm weitere Strukturen verleiht. Zu *dieser* positiven Seite gesellt sich in diesem Konzept Feuerbachs vorhin schon angeführte Kunst der Handhabung der Identitäts- und der Differenzlogik.[17]
In diesem Hinblick erweist sich Feuerbachs Entfremdungskonzept, auch als eine neue Artikulation des Aufklärungsdenkens, als eine durchaus merkwürdige Struktur. Während wir auf der positiven Seite auf eine beispiellos erfolgreiche Verdichtung von Inhalten und Perspektiven stossen, erscheint auf der negativen Seite eine ebenso beispiellose Elastizität der philosophischen Kritik.
Es besteht kein Zweifel darüber, dass die Klassizität von Feuerbachs Denken von dieser *Doppelstruktur* weitgehend bestimmt wird.
Von einer näheren Distanz erscheint Feuerbachs Aufklärungskonzept auf eine *potenzierte Weise* aufklärerisch. Beide Mittelpunkte dieses Denkens, auch in ihrer bei Feuerbach artikulierten reifen Form, erscheinen als weitergeführte und modifizierte aufklärerische Motive *par excellence.* Feuerbachs erfolgreich durchgeführte Verdichtung der verschiedenen Problematisierungen der Materie und der Natur erscheint in dieser Perspektive als eine andere, *erneuerte Variante* jener Verdichtung derselben Momente, die in der Aufklärung erfolgten. Feuerbachs meisterhafte Kritik von philosophischen, ideologischen und theologischen Einstellungen mithilfe einer *Identitäts-* und *Differenzlogik* ist – wiederum in dieser Perspektive – eine andere, erneuerte Variante der spezifisch aufklärerischen Kritik aller Philosophien, Ideologien und Theologien im achtzehnten Jahrhundert. Diese Sicht auf die beiden führenden Perspektiven zeigt also *letztlich* die beiden umgreifenden Gedanken der Aufklärung in neuer Gestalt.

[17] Das Nichterkennen dieser merkwürdigen und versteckten positiven Logik der Feuerbachschen Positivität führt unter anderen auch Wilhelm Windelband irre, der zu dem paradoxen Vergleich kommt, dass er (auch als Positivist, bzw. Neokantianer) an Hegels Selbstentzweiung des Geistes nichts auszusetzen hat, während er die (nicht richtig erkannte) Entfremdungsproblematik des Feuerbachschen Positiven gleichzeitig als illegitim ansieht: «Der Geist, der sich bei Hegel als die notwendige Selbstentzweiung begriff, erscheint bei Feuerbach als die Entzweiung des natürlichen Menschen mit sich selbst. Seine Lehre ist in dieser Entwicklung der Selbstmord des Geistes, der sich in den Abgrund der Materie stürzt...» Zitiert in: Otto Gramzow, *Geschichte der Philosophie seit Kant,* Charlottenburg 1906, S. 253.

Eine deutliche Akzentverschiebung zwischen der idealtypischen Aufklärung des achtzehnten Jahrhunderts und Feuerbach besteht in der Signalisierung eines Gefahrmomentes. Während der Hauptstrom der klassischen Aufklärung den generellen Zustand des falschen Bewusstseins im Prinzip zwar für gefährlich hielt, fehlte ihm das bei Feuerbach artikulierte Moment des mehr oder weniger direkten Bedrohtseins in diesem und durch diesen Zustand. Feuerbach erlebt und erleidet diesen Zustand des Bedrohtseins – daher die Kraft und das Pathos der stets anvisierten Aufhebung dieser Drohung durch die Notwendigkeit, die Entfremdung ganzheitlich und praktisch «auf einen Schlag» zu beseitigen. Diese direkte Forderung der Befreiung, die dann zu einem neuen Zustand der Freiheit führt, macht alle Richtungen Feuerbach verwandt, die dieses Versprechen und sei es in irgend welcher Form, in sich enthalten. Dies ist die *unmittelbare Quelle* der Offenheit zahlreicher humanistischer oder sozialistischer Bewegungen seiner Philosophie gegenüber. Es mag sogar überraschend sein, dass diese Rezeption Feuerbachs nicht durch die negative, kritische Dimension seiner Philosophie, vielmehr durch den Vergleich des aktuellen Jetztzustandes mit den wahren Forderungen der menschlichen Natur hervorgerufen wird.

Feuerbachs Konsequenz in der Aufrechterhaltung des Entfremdungskonzeptes zieht sich wie ein roter Faden durch sein ganzes Denken hindurch. Diese strukturelle und logische Konsequenz hat nur eine Analogie in der Geschichte der Philosophie, und zwar in Kants Konsequenz in der Artikulation jener Logik, die den Inhalt der Kritik des ontologischen Gottesbeweises ausmacht. Und in der Tat, würde man versuchen, Feuerbachs Insistieren auf die Konsequenz der Entfremdungsproblematik logisch zu beschreiben, könnte man zu ähnlichen logischen Figuren kommen, wie sie in der Attribution der Aussagelogik bei Kant vorzufinden sind. Dieser *geheime* strukturelle und logische *Kantianismus Feuerbachs* lässt sich gegenwärtig noch nicht erschliessen, als strukturelle Analogie verdient er aber voll und ganz, dass man ausdrücklich auf seine Existenz hinweist.[18]

Ein *neuer* wesentlicher Zug im aufklärerischen Charakter von Ludwig Feuerbachs Philosophie kommt daher, dass seine Interpretation, bzw. Auffassung des Entfremdungsproblems einen ganz besonderen *Stellenwert* in der philosophischen Thematisierung der Religion inne haben konnte. Dieser *situative Vorteil* wird nur für einen historischen Blick sichtbar.

Die Thematisierung der Religion als Horizont der Aufklärung konnte nämlich nicht mehr so geschehen wie es im achtzehnten Jahrhundert der Fall

[18] Schon aus diesem Grunde erscheint Glockners interessante und geistreiche Bemerkung etwas fragwürdig: «Aber sein (Schleiermachers) Einfluss reichte viel weiter, als auf den ersten Blick erkennbar war: besonders jene Hegelianer, die noch hinreichend kantianisch geschult waren, um vor Feuerbach sicher zu sein, gerieten in Schleiermachers Bann» (*Die europäische Philosophie von den Anfängen bis zur Gegenwart*, 5. Auflage, Stuttgart 1980, S. 799).

war. Als ein einer weiteren Spezifizierung ermangelndes falsches Bewusstsein wäre sie sicherlich nicht mehr ein Horizont, demgegenüber ein aktuelles und gegenwartsbezogenes Konzept der Aufklärung formuliert werden kann. Ähnlich steht es mit dem (noch nicht erschienenen) Horizont der fünfziger und sechziger Jahre des neunzehnten Jahrhunderts, wo bereits eine ganze Reihe nachgewiesener wissenschaftlicher Einsichten die erkenntnistheoretischen und anschauungsgemässen Grundlagen der Religion konsequent erschüttern. *Zwischen diesen beiden Stationen (achtzehntes Jahrhundert: ein falsches Bewusstsein en général, sowie die fünfziger-sechziger Jahre: die nachgewiesenen wissenschaftlichen Ergebnisse der Schlüsselwissenschaften) erwies sich das von Feuerbach unendlich verallgemeinerte Entfremdungsmodell als das tatsächlich effektivste Konzept, die Begründung einer aktuellen Spielart der Aufklärung.* Uns scheint, dass auch hier gilt, die Erkenntnis von den wahrhaft originalen Schritten Feuerbachs wurde immer von seiner Nähe zu Hegel aufgehalten, selbst seine Kunst in der Handhabung der Identitäts- und Differenzlogik ist eine, die von Hegel vorgeschossen wird.

Der Fortschritt in der Erkenntnis seiner Originalität kann nur erzielt werden, wenn man den Schritt tut, Feuerbachs Analyse selbständig ins Auge zu fassen. Denn hier gilt, *mutatis mutandis*, selbstverständlich François Châtelets geistreiche Bemerkung über Hegel, der in einer «zugleich befreienden und umstürzlerischen Synthese» Strukturen und Konzepte liefert, die «dann Materialien für die Revolution Feuerbachs und die marxistische Subversion» liefern.[19] Sehr lehrreich erscheint diese wahrgenomme, nichtsdestoweniger nicht erschlossene strukturelle Gemeinsamkeit zwischen Hegels und Feuerbachs Logik bei Eugen *Dühring*. Er hebt nicht (wie Châtelet) die strukturelle Gemeinsamkeit heraus, wodurch Hegel seinen revolutionären Nachfolgern «Materialien» liefern kann. Er rangiert nicht (wie Windelband) Hegel *vor* Feuerbach. Er betrachtet Feuerbach als ein *Opfer* der Hegelschen Logik, deren Übernahme letztlich der wahre Grund von Feuerbachs philosophischen Unzulänglichkeiten ist:

> «Feuerbach hat sein Bestes nicht vermöge, sondern trotz der Hegelschen Philosophie gethan. Er ist das glänzendste Beispiel dafür, wie das Streben eines hochbegabten und edel angelegten Geistes durch verderbliche Eindrücke (d.h. Hegel – E.K.) zum grössten Theil verloren gehen könne. (...) Um so höher müssen wir daher die Thatsache anschlagen, dass seine Schriften von der ersten bis zur letzten dennoch Gehalt haben und hauptsächlich nur in der Form oder in Ausschreitungen der Imagination fehlgriffen...»[20]

Trotz eventuell selbstverständlich anmutender Assoziationen erweist sich die semantische Sphäre des so zentralen Feuerbachschen Begriffs des «Wesens» weder als «spekulativ» im Sinne des Hegelianismus oder des Posthe-

[19] François Châtelet (Hg.), G. W. Fr. Hegel, in: *Geschichte der Philosophie. Ideen, Lehren,* Frankfurt am Main-Berlin-Wien 1974, S. 173.

[20] Eugen Dühring, *Kritische Geschichte der Philosophie von ihren Anfängen bis zur Gegenwart,* Berlin 1868, S. 498.

gelianismus, noch als eine, deren Bedeutung sich in einer Kritik der spekulativen Begriffsbildung erschöpft, einer Kritik, die einzig auf den spekulativen Charakter der hegelisierenden Begriffsbildung hinweist. *Sein Charakter der Positivität bewahrt jedoch sowohl für die unmittelbaren Zeitgenossen wie auch für die überwiegende Mehrheit der späteren Feuerbach-Literatur einen Zug der unüberwindlichen Spekulativität.* Der Schlüssel für die Interpretation der wahren Grundcharaktere der Feuerbachschen Philosophie liegt unter anderem in der Interpretation des Begriffs des «Wesens». Die Bestimmung des «Wesens» als eine Summe der relevantesten Bestimmungen des betreffenden Gegenstandes lässt sich aus einer beliebig grossen Zahl der Feuerbachschen Definitionen herauslesen. Das «Wesen» als «Komplex» der positiven Bestimmungen eines Gegenstandes liegt auch hinter anderen, weiteren Kategorisierungen, die bei Feuerbach – nicht wie bei Hegel! – zu keinen selbständigen begrifflichen Hypostasierungen werden.

Feuerbach und die Aufklärung. Ein Beitrag zur historischen Rekonstruktion

Francesco Tomasoni

1. Zur Fragestellung

Nicht selten interpretiert man Feuerbach als einen späten Nachkommen der Aufklärung. Das geschieht vor allem in jenen Arbeiten, die durch die theoretischen Interessen geprägt sind. Demzufolge hält man seine Kritik an der Religion entweder für eine Folge des radikalen und rationalistischen Denkens, das einseitig und zu verwerfen sei, oder sieht man sie als einen patenten Ausdruck jenes Strebens nach Mündigkeit und Emanzipation, das in der Aufklärung verkündigt worden war und daher zu preisen ist.[1] Übrigens fallen wichtige Ähnlichkeiten in die Augen: Die Kritik Feuerbachs an dem Wunder, seine Theorie der Projektion der menschlichen Wünsche in Gott, sein Abriss der Religionsgeschichte von den natürlichen Riten zum Polytheismus und endlich zum Monotheismus legen den Vergleich mit Hume nahe.[2]

[1] Zum Begriff der Vernunft auch bezüglich der Aufklärung vgl. András Gedö, Rationalitätsbegriff und Rationalismuskritik bei Feuerbach. Zur Stellung seiner Philosophie im klassischen Denken, in: Walter Jaeschke (Hg.), *Sinnlichkeit und Rationalität. Der Umbruch in der Philosophie des 19. Jahrhunderts*, Berlin 1992, S. 14-19, 22-23; Andreas Arndt, Vernunft im Widerspruch. Zur Aktualität von Feuerbachs «Kritik der unreinen Vernunft», ebenda S. 29, 45-47; Ursula Reitemeyer, Ludwig Feuerbachs skeptische Distanz zur Welt, ebenda S. 53-56; Adriana Veríssimo Serrâo, *A Humanidade da razâo. Ludwig Feuerbach e o projecto de uma antropologia integral*, Fundaçâo Calouste Gulbekian, Lisboa 1999, S. 134-137; Josef Winiger, Feuerbach, der deutsche Aufklärer, in: *«Aufklärung und Kritik»,* Sonderheft 3/1999, S. 37-54.

[2] Vgl. schon Simon Rawidowicz, *Ludwig Feuerbachs Philosophie. Ursprung und Schicksal*, Berlin 1931, S. 87-88, 209, 248, 264, 346, 475; Eugene Kamenka, *The Philosophy of Ludwig Feuerbach*, London 1970, S. 3, 5, 134, 165, 166.

2. Der frühere Abstand von der Aufklärung

Wenn wir aber die Nachprüfung an den Texten führen, stellen wir eine ganz andere Tatsache fest. Der schottische Philosoph wird nur sehr vereinzelt erwähnt und zwar auf eine generelle und unterschätzende Weise.
In den Erlanger Vorlesungen und namentlich in der *Einleitung in die Logik und Metaphysik* taucht sein Name nach Locke auf: die beiden werden zum Empirismus gezählt. Sie seien die Vertreter der Erfahrungsgrenze, über die man nicht hinausgehen kann. Ihr Mangel liege in der Auffassung einer solchen Erfahrung. Feuerbach bemerkt dass Hume sie nur als «eine subjektive Notwendigkeit», d. h. als eine «Gewohnheit» auffasste. Eine solche Beschränktheit in der Auffassung des Geistes habe Kant selbst nicht völlig überwunden, so stelle er eine noch formelle und subjektive Ansicht desselben dar.[3] Der idealistische Hintergrund dieser Bewertung ist deutlich und ist auch keine Überraschung in den genannten Vorlesungen der früheren Zeit, als der junge Privatdozent nach den Richtlinien des bewunderten und verehrten Hegel seine Lehre orientierte. Dass hier Hume in die Nähe von Kant gerückt wird, entspricht dem historiographischen Modell, das sich schon in den Schriften der Kantianer durchgesetzt hatte und von den Idealisten angenommen wurde. Dennoch muss man bemerken, dass Feuerbach auch später, auch bei seiner anthropologischen Wende und bei seinem späteren Materialismus kritisch gegen den Empirismus und den französischen Materialismus eines Lamettrie blieb. Er versuchte seinen Abstand davon zu betonen, indem er behauptete, sein Prinzip habe ein Ganzes, eine dynamische Identität zwischen Subjekt und Objekt zum Inhalt.[4]
Ein weiterer Tatbestand ist noch überraschender. In dem bisher veröffentlichten Text der *Vorlesungen über die Geschichte der neueren Philosophie*, die von der Renaissance bis zu Hegel reichen und selbst in der Frühzeit in Erlangen gehalten worden sind, fehlt jeder Hinweis auf Hume. Von Leibniz geht er unmittelbar zu Kant über. Der Mangel ist noch bedeutender, weil er auch nicht von Berkeley, d'Holbach, Lamettrie, Condillac, Rousseau spricht. Er erwähnt flüchtig Locke und Voltaire, aber nur um ihre Unzulänglichkeit zu bemerken, und zwar die des ersteren im Vergleich mit der Gediegenheit von Descartes und die des zweiten im Vergleich mit dem spekulativen Reichtum Spinozas.[5] Von der Aufklärung ist überhaupt keine Rede. Selbstverständlich ist das Argument e silentio ein schwaches Argument, zumal da es sich um Manuskripte handelt, die noch in einer provisorischen Form bekannt sind. Dennoch fehlt der Hinweis auf die Aufklärung auch in den Überblicken der menschlichen Geschichte, wie sie den *Gedanken über Tod und Unsterblichkeit* und der *Geschichte der neueren Philosophie* vor-

[3] L. Feuerbach, *GW* 13, S. 120.
[4] *GW* 9, S. 323; 11, S. 115.
[5] E. Thies (Hg.), Darmstadt 1974, S. 78, 26-27. Vgl. auch *GW* 8, S. 91.

ausgeschickt sind, während der Humanismus, die protestantische Reformation und der Anfang der Naturwissenschaften in der neueren Zeit herausragen. Es liegt also die Vermutung nahe, dass Feuerbach in seinen früheren Arbeiten der Aufklärung keine bedeutende Rolle in der Entwicklung der Philosophie zumisst. Das Verdikt Hegels über die Einseitigkeit der Aufklärung wirkte also auf seinen Schüler. Es scheint sogar, dass Feuerbach noch weniger ihre geschichtsphilosophische Bedeutung anerkennt. Während sich Hegel mit ihr auseinandergesetzt hatte, ist die Sache für Feuerbach so gut wie erledigt. Neben der übertriebenen Wirkung, die ein Lehrer gewöhnlich auf seinen Schüler macht, müssen wir auch bedenken, ob einige Wurzeln seiner negativen Einstellung zur Aufklärung nicht auf eine frühere Zeit, d.h. auf die theologische Bildung zurückgreifen. Als Feuerbach von Hegels Denken kaum eine Ahnung hatte, lehnte er die rationalistische Exegese von Heinrich Eberhard Gottlob Paulus zugunsten der theologischen Spekulation von Karl Daub ab, der das «thaumatikon», das Wunderbare theoretisiert hatte. Seinem Vater, der den ersteren, den vielfach gebildeten Aufgeklärten empfohlen hatte, schrieb Feuerbach: «Sein Collegium ist weiter nichts als ein Spinnengewebe von Sophismen.» Er anerkannte «eine gewissenhafte, treue, gründliche Erklärung der Sprache», aber bemerkte: «durchaus kann ich nicht ihm auch nur eine Seite abgewinnen, die ihn würdig machte, gehört zu werden von jedem, der noch ein Auge, das sieht, und ein Herz, das fühlt, und einen Kopf, der denkt und noch einen Sinn hat, der nur das Wahre will und sucht».[6] In diesen Aussagen ist die romantische Stimmung erkennbar. Darüber hinaus stand er auch später der philologisch-kritischen Exegese sehr fern. Auf jeden Fall war die zuerst gefühlte Einseitigkeit der durch die Aufklärung geprägten rationalistischen Methode die Voraussetzung für die Rezeption von Hegels Denken. Insofern weist aber auch der Hegelianismus Feuerbachs mystische Züge auf, die ihn mehr von der Aufklärung abweichen lassen und der Romantik nähern. Für den jungen Schriftsteller brachte die Verwirklichung des Geistes in der Welt die Aufhebung des Rationalismus und des Empirismus mit sich, des Materialismus und jeder individualistischen Konzeption. Ihre Einseitigkeit musste dem Ganzen, der Totalität des Geistes weichen.

Dieses provisorische Ergebnis muss aber durch weitere Fragen geprüft, relativiert und erklärt werden. Kommt nicht das im Brief an Hegel verkündete Programm der Verwirklichung der Vernunft, im Grunde genommen, von der Aufklärung? Man muss aber bedenken, ob ihm diese Ableitung bewusst war. Ihm hätte es auch gereicht, an seinen Lehrer zu appellieren. Selbstverständlich kann man auch die grundlegende Rolle bemerken, die Feuerbach Francis Bacon in der *Geschichte der neueren Philosophie* zuschreibt wegen seines Verständnisses der Wissenschaft als Macht, «um dem

[6] *GW* 17, S. 33.

menschlichen Leben Nutzen zu bringen».[7] Dass Bacon ein solches Verständnis hatte und die Vorurteile bekämpfte, war für die Aufklärung von hervorragender Bedeutung.[8] In diesem Buch zitierte Feuerbach auch eine Aussage von Fontenelle, der im Bezug auf Malebranche sagte: «(Er) studierte nur noch, um seinen Geist zu *erleuchten*, aber nicht, um sein Gedächtnis vollzuladen.»[9] Es kommt hier die für die Aufklärung typische Entgegensetzung zwischen der Wissenschaft und der eitlen Gelehrsamkeit vor. Übrigens zitierte Feuerbach in *Abaelard und Héloïse* aus Lichtenberg: «Ich glaube, dass einige der grössten Geister, die je gelebt haben, nicht halb so viel wussten als manche unserer mittelmässigen Gelehrten. Und mancher unserer sehr mittelmässigen Gelehrten hätte ein grösserer Mann werden können, wenn er nicht soviel gelesen hätte.»[10] Aber es ist schwierig, daraus einen deutlichen Beweis für das Bewusstsein Feuerbachs von der philosophischen Bedeutung der Aufklärung zu erschliessen. Eine weitere Frage betrifft den Begriff der Aufklärung selbst, der offenbar nicht mit den oben genannten Gestalten oder Bewegungen des Rationalismus, des Empirismus und des Materialismus zusammenfällt. Man darf auch nicht neben der französischen und der englischen die deutsche Aufklärung übersehen.

3. Die Aufwertung der Aufklärung im Buche «Bayle»

Die Schrift, in der Feuerbach den Begriff der Aufklärung absichtlich vorbringt, ist sein Buch *Pierre Bayle* (datiert 1838, erschienen 1839). Der Begriff kommt im Zusammenhang mit dem Kampf des französischen Schriftstellers für die Toleranz vor.[11] Im Gegensatz zur Finsternis des Glaubens verkündigt Feuerbach als die einzige Basis für das Einverständnis unter den Menschen das Licht der Vernunft: «Erkennen wir, dass es kein Heil für die Menschheit *ausser der Vernunft* gibt! Der Glaube mag den Menschen beseligen, beruhigen, aber soviel ist gewiss: Er *bildet*, er *erleuchtet* nicht den Menschen; er löscht vielmehr das Licht im Menschen aus, um angeblich ein anderes, übernatürliches Licht an seine Stelle zu setzen. Aber es gibt nur *ein* Licht – das Licht der Natur, das in den Tiefen der Natur der Dinge gegründete Licht, das allein auch das göttliche Licht ist – (...) wer dieses eine Licht verlässt, begibt sich in die Finsternis.»[12] Die Metapher des Lichts war schon im oben erwähnten Brief an Hegel erschienen, als Korrelat des Programms einer Verwirklichung der Vernunft: Es wurde darin als Zweck aus-

[7] *GW* 3, S. 86.

[8] Vgl. Horst Möller, *Vernunft und Kritik. Deutsche Aufklärung im 17. und 18 Jahrhundert*, Frankfurt a.M. 1989, S. 118.

[9] *GW* 3, S. 327. Das Zitat stammt aus dem *Eloge du P. Malebranche* von Fontenelle.

[10] *GW* 1, S. 619.

[11] Vgl. J. Winiger, a.a.O., S. 45-48, 52-53.

[12] *GW* 4, S. 212.

gesagt: «ein Licht in Allem und durch alles leuchte».[13] An sich hatte der bildliche Ausdruck keinen besonderen Bezug zur Aufklärung, so alt und üblich er auch war.[14] Im Buch *Bayle* wird die Aufklärung im Anschluss an den Kampf der Freigeister gegen jeden Gewissenszwang gebracht, so dass der Hinweis auf die Aufklärung deutlich ist. Dass hier der französische Schriftsteller den Freigeistern angeglichen und im Horizont der Aufklärung dargestellt wird, geschieht gemäss einer schon befestigten historiographischen Tradition. In seiner *Geschichte der neueren Philosophie* hatte Johann Gottlieb Buhle die Bedeutung Bayles im Zusammenhang mit dem Streben Europas nach der «Verbreitung philosophischer Geistesfreyheit und Aufklärung»[15] herausgestellt. Hegel selbst, der doch den Mangel Bayles an philosophischem Verständnis beklagte,[16] hatte seine Verdienste um die Geistesfreiheit anerkannt.[17] Die Widersprüche im Denken Bayles hatte übrigens auch Buhle betont.

Hingegen geht Feuerbach viel weiter und anerkennt nicht nur die geschichtliche, kulturelle Bedeutung seines Autors, sondern auch die philosophische Qualität. «Bayle ist von Natur, sozusagen von freien Stücken, *sua sponte*, kein theologischer, sondern ein *nicht*-, ja, *anti*theologischer, d.i. *denkender* Kopf.»[18] Das Bild Bayles wird zum Bild eines Vorkämpfers um die Autonomie der Vernunft, zum Bild eines echt wissenschaftlichen Menschen. Auch dabei ist ein Ausgang eines langen historiographischen Prozesses erkennbar. Der Tod Bayles «la plume à la main» hatte schon für seine Freunde den Sinn der totalen Ergebung zur Wahrheit bekleidet.[19] Jacob Brucker hatte mit lebhaften Worten diesen Charakter hervorgehoben und dadurch auch den Zölibat Bayles erklärt.[20] Die Wahl für die Wahrheit erscheint jetzt für Feuerbach als die Verwirklichung der Kantischen Forderung nach der Autonomie der praktischen Vernunft, als die unerlässliche Bedingung für die Moralität. Schon in den 90er Jahren des 18. Jahrhunderts hatte Carl Friedrich Stäudlin in seiner *Geschichte und Geist des Skepticismus* die ethische Einstellung Bayles zur Wahrheit und zur Tugend nahe an das Kantsche Prinzip der Autonomie herangeführt.[21] Feuerbach sieht hier

[13] *GW* 1, S. 105 (22. November 1828).

[14] H. Möller, a.a.O., S. 111. Für den Zusammenhang des bildlichen Ausdrucks mit der Reformation vgl. Jakob Thomasius, *De quattuor testibus veritatis* (1678), in *Praefationes*, Lipsiae 1681, S. 552.

[15] Bd. 6, Göttingen 1806, S. 25-26.

[16] G. W. F. Hegel, *GW* 21, Meiner, Hamburg 1985, S. 188.

[17] Ders., *Vorlesungen*, Bd. 3, hg. von Walter Jaeschke, Meiner, Hamburg 1983, S. 49-50, 304-305, 338.

[18] Ders., *GW* 4, S. 57.

[19] Pierre Rétat, *Le Dictionnaire de Bayle et la lutte philosophique au XVII siècle*, Paris 1971, S. 43-46, 53-56, 66, 110, 257.

[20] *Historia critica philosophiae*, IV/1, Lipsiae 1743, repr. Hildesheim 1975, S. 598-599, 583.

[21] C. F. Stäudlin, *Geschichte und Geist des Skepticismus,* Leipzig 1794, Bd. 2, S. 106.

die Vorwegnahme des kategorischen Imperativs: «Der kategorische Imperativ war das Manifest, in dem die Ethik ihre Freiheit und Selbständigkeit der Welt ankündigte.»[22] Das Feld der Autonomie erstreckt sich weit über den Bereich des Ethischen. Die Wissenschaft, die Kunst, überhaupt jede menschliche Handlung muss aus einem dem Menschen inneren Prinzip entspringen, ohne dass andere, fremde Rücksichten in Betracht kommen. Die Schrift Kants über die Aufklärung klingt hier wieder, aber mit einer verstärkten Kraft.

4. Die Scheidewand des ontologischen Beweises: Kant und Jacobi

Bei der Abfassung des Buchs *Bayle* wertet Feuerbach den Philosophen von Königsberg auf, während er sich immer mehr vom System Hegels entfernt. Die Philosophie schliesst immer mehr Weltweisheit in sich und der Geist vollzieht sich in der Menschheit als Gattung. Eine Scheidewand in der Entwicklung Feuerbachs zwischen der ersteren, idealistischen Spekulation und der aufklärerisch gefärbten Weltweisheit ist der ontologische Beweis, den Feuerbach früher verteidigt und später bekämpft. Man kehrt dabei zu einer Debatte zurück, die beim Abschluss der deutschen Aufklärung eine wichtige Rolle gespielt hatte. Den Anstoss dazu hatte Jacobi gegeben, der sich auf die Kritik Kants gegen den ontologischen Beweis stützend, den Begriff der Existenz als Position, als etwas in die Wesensprädikate Unauflösbares übernommen hatte. Er hatte daraus gefolgert, dass das Wesen Sache der Vernunft, die Existenz Sache des Gefühls ist. Bevor man denkt, muss man existieren, eine Person sein. Ein Irrtum des rationalistischen Denkens war die Reduktion der Existenz auf das Wesen, der Erkenntnis auf die Vernunft. Hervorragendes Beispiel dieser Reduktion war Spinoza, dessen geometrisches System den Sieg des Mechanismus darstellte. Aber auch Leibniz und Lessing waren ihm gefolgt. Jacobi erzählte dabei von seinem Gespräch mit Lessing, der ihm seine geheime Überzeugung von der tiefen Wahrheit des Eins und Alls, εν και παν, erklärt habe.[23]
Durch diese nach dem Tode Lessings propagierte Offenbarung brandmarkte Jacobi nicht nur einen prominenten Vertreter der deutschen Aufklärung, sondern die Aufklärung überhaupt. Ihr gegenüber verlangte er als einzigen Ausweg den sogenannten *salto mortale*, den Sprung des Glaubens.[24] Mit dieser Infragestellung der Aufklärung griff Jacobi auch den berühmten Freund Lessings, den jüdischen Philosophen Moses Mendelssohn an, der seinerseits den ontologischen Beweis in einer neuen Form vorlegte und die

[22] *GW* 4, S. 103.
[23] F. H. Jacobi, *Über die Lehre des Spinoza, in Briefen an Herrn Moses Mendelssohn*, in: *Werke*, hg. von Friedrich Roth u. Friedrich Köppen, Leipzig 1812-1825, IV/1, S. 54, 55, 56-58, 64, 76-77, 83, 117-118.
[24] Ebenda, S. 40, 42, 59.

Zuflucht Jacobis unter die Fahne des Glaubens kritisierte.[25] Für ihn war die Autonomie der Vernunft und die Aufklärung selbst in Gefahr. Kant erklärte seine Stellungnahme dazu in *Was heisst sich im Denken orientieren.* Obwohl er den ontologischen Beweis und die theoretische Gültigkeit der Metaphysik überhaupt ablehnte, teilte er mit Mendelssohn die Besorgnis um das Geschick der Vernunft.[26] Auch Herder war von der Debatte getroffen und nahm von Spinoza keine mechanische, sondern eine lebenserfüllte Anschauung des Universums, in welcher Gott und Natur innigst verwoben waren.[27] Seine Interpretation war für die Romantik richtungsweisend. Schelling und Schleiermacher sind dafür einleuchtende Beispiele.
Der Widerhall der von Jacobi ausgelösten Debatte lässt sich schon in den *Erlanger Vorlesungen* Feuerbachs erkennen. Feuerbach stellte sich dem fideistischen und personalistischen Ausweg Jacobis entgegen.[28] Damals nahm er im Gefolge Hegels den ontologischen Beweis in Schutz. Kant habe das Denken nur unter der Form einer individuellen Vorstellung verstanden.[29] Der Geist sei etwas anderes. Er versuchte aber auch den Begriff der Existenz als Position nachzuholen, indem er sagte: «Existenz (...) ist gesetztes Sein.»[30]
Zur Zeit der Abfassung des Buchs *Bayle* ist Feuerbach auf dem Weg der Ablehnung des ontologischen Beweises. Und dies geht parallel zur Aufwertung von Kant und zum wachsenden Abstand von Hegel. Der Geist wird zur menschlichen Gattung[31] und daher hat Jacobi insofern Recht, als wir zuerst existieren müssen, um denken zu können. Wie ist diese existentielle Basis erfassbar? Mit dieser Frage befasst sich Feuerbach immer wieder von nun an. Einerseits bestätigt er noch einmal die Ablehnung des Jacobischen Auswegs, d.h. des Glaubens, andererseits unterliegt der Begriff von der Vernunft einer schnellen Veränderung. Die Beziehung der Interpretation Jacobis zum Buch *Bayle* erhellt sich noch aus folgender Perspektive. Bekanntlich hatte Bayle im Artikel *Manichéens* seines *Dictionaire* die Frage des Bösen vorgelegt und die apriorischen und aposteriorischen Gründe einander entgegengesetzt, um daraus ihre Unvereinbarkeit zu folgern. Die Vernunft konnte keine Lösung finden. Möglich war nur noch der Verlass auf

[25] M. Mendelssohn, *Morgenstunden,* in: *Jub.-Ausg.* III/2, S. 110-112, 141-145, 192-195.
[26] I. Kant, *Akad.-Ausg.* 8, S. 137-140.
[27] J. G. Herder, *Einige Gespräche über Spinoza's System nebst Shaftesbury Naturhymnus, Suphan-Ausg.* 16, S. 438-439, 508, 525-526.
[28] *GW* 13, S. 149.
[29] Ebenda, 101.
[30] L. Feuerbach, *Vorlesungen über Logik und Metaphysik*, hg. von E. Thies, Darmstadt 1976, S. 158-159.
[31] *GW* 8, S. 205-205; 254.

den Glauben.[32] Jacobi hatte ihn als den Wegbereiter seiner eigenen Stellungnahme gesehen.

Feuerbach, der schon in der Opponenten-Rede «De malo ejusque origine» das Problem des Bösen berührt und auf den «salto mortale» hingewiesen hatte,[33] hatte schon im Buch *Leibniz* den Ausgang Bayles kritisiert und ihm den Optimismus von Leibniz entgegengestellt. Der erstere stehe auf dem theologischen, d. h. auf einem auf das Individuum, auf das Praktische beschränkten Standpunkt, der letztere auf dem theoretischen, auf das Allgemeine gerichteten Standpunkt. Ein solcher Gegensatz hatte im Buch *Leibniz* eine grosse Rolle gespielt und diente als hermeneutisches Mittel, um die vermeintlichen Vorstellungen (z. B. die prästabilierte Harmonie der Monaden) von dem echt theoretischen Kern der Philosophie von Leibniz abzusondern. Über das Böse habe Leibniz mit Recht gegen Bayle auf einer allgemeinen, universellen Perspektive bestanden: Was für den Einzelnen ein Übel sei, werde unter den Gesetzen des Universums zum Guten.[34] Das Allgemeine hatte für Feuerbach ein spinozistisches Gepräge im Sinne eines lebenserfüllten Universums und also im Gefolge der Interpretation von Herder, dessen *Briefe das Studium der Theologie betreffend* er in der frühen Jugendzeit gelesen hatte. Spinoza, Leibniz, Herder bildeten also für Feuerbach eine kontinuierliche Linie nach einer geschichtsphilosophischen Auffassung, die sich im Ausgang der Aufklärung behauptet hatte. Hinter den Kulissen stand auch der Schatten Lessings, dessen Unterscheidung zwischen den ewigen Wahrheiten und den geschichtlichen Tatsachen im Buch *Bayle* und in dem kurz nachher veröffentlichten Aufsatz *Über das Wunder* auftaucht. In der Zeit des wachsenden Abstands von Hegel verstärkt Feuerbach die Reihe der Verteidiger der Vernunft. Er wertet nicht nur den Kant der praktischen Vernunft und der Aufklärung auf, sondern Bayle selbst, der in dem ihm gewidmeten Buch nicht nur den theologischen, sondern den *antitheologischen* Standpunkt vertritt.[35] Die Interpretation Jacobis, dass Bayle «auf den Ruinen der Vernunft die Fahne des Glaubens aufpflanzen wolle»,[36] wird hier verworfen und umgekehrt. Der theologische Gesichtspunkt wird zu etwas Sekundärem, Relativem. Es sei nur der Reflex der Unterdrückung der Zeit. «Der Glaube war aber zugleich durch eine gegenwärtige Macht, die Kirche, repräsentiert. Der Glaube hatte die *allgemeine Meinung* für sich oder war vielmehr selbst diese allgemeine Meinung. Er verdiente also (...) Schonung, Anerkennung, Achtung, ja, Ehrfurcht.

[32] P. Bayle, *Dictionaire historique et critique*, 5e éd., Amsterdam 1470, rem. D, t. III, S. 305, vgl. auch «Pauliciens», rem. E, S. 625.

[33] *GW* 13, S. 320-321.

[34] *GW* 3, S. 118-124.

[35] S. Rawidowicz, a.a.O. (Anm. 2), S. 63 geht so weit, dass er sagt, Bayle sei ein «Pseudonym» für Feuerbach selbst.

[36] *GW* 4, S. 170, 235.

Der Glaube, den sie der Kirche darbrachten, war ein *schuldiges Opfer*.»[37] So opferte sich Bayle, aber sein Geist war «die Negation seines Glaubens». Daher die Ambivalenz seiner Werke, vor allem des *Dictionaire*, dessen orthodoxer Text immer wieder von den Anmerkungen in Frage gestellt wird. Und von dieser Richtung her ist seine grundlegende Absicht zu erkennen. Er hatte nämlich die «Tendenz, die Menschheit *aufzuklären*».[38] Bezüglich des Bösen ist die Bestreitung des Dogmas von der Erbsünde für Feuerbach von hoher Bedeutung. Dadurch befreite Bayle die Natur von einem Fluch.[39]

Demgegenüber wird der Skeptizismus Bayles relativiert. Er ist nicht absolut. «Die Mysterien», sagt er an einer andern Stelle, «widersprechen nur der kleinen miserablen Vernunft des Menschen, die nur eine Portion Vernunft ist, nicht die Vernunft an sich.»[40] Solcher Skeptizismus ist noch einmal aus dem Zwang der Zeit erklärlich: «Die Vernunft musste, je Treffenderes, je Unüberwindlicheres sie gegen die *Glaubensvorstellungen* gesagt hatte, um so mehr, aus Reverenz gegen den Glauben, *wieder zurücknehmen*, was sie gesagt.»[41] Der Skeptizismus «war die Konzession, die er dem Glauben machte; er musste der Vernunft *ihre Tugenden als Fehler anrechnen*. Das Bewusstsein der Stärke der Vernunft sprach sich ironisch demütig unter dem Namen ihrer Schwäche aus.» Ausserdem spielten sein Temperament und der Charakter des französischen Geistes eine wichtige Rolle.[42] Unter dem Gewand des Skeptikers treibt also Bayle seine Kritik. Hinter den demütigen Aussagen strebt er nach der Behauptung der selbständigen moralischen und wissenschaftlichen Vernunft. Die Lobrede des wissenschaftlichen Mannes, «der ein mutiger Kämpfer für Recht und Wahrheit, aber für sich selbst friedfertiger Natur ist», der «nicht rechthaberisch», sich «nicht um das Geschwätze der grossen Menge» bekümmert, «keinen höhern Genuss» kennt «als Arbeit und Tätigkeit», «human» ist usw.,[43] nimmt mit ihrem religiösen Widerhall die positivistische Erhebung der Wissenschaft vorweg. Nicht zufällig wurde das Buch *Bayle* von Joseph Roy in Frankreich früh übersetzt und ohne irgendwelchen Hinweis auf den französischen Schriftsteller als Kampfschrift für den Positivismus benutzt.[44]

Wenn so die Brücke von der Aufklärung zum Positivismus geschlagen wird, fällt die Vereinfachung der ursprünglichen, dem französischen

[37] Ebenda, S. 157.

[38] Ebenda, S. 98.

[39] Ebenda, S. 118.

[40] Ebenda, S. 171.

[41] Ebenda, S. 230.

[42] Ebenda, S. 227-228.

[43] Ebenda, S. 242-246.

[44] Luisa Barbera, Il Bayle di Feuerbach, in: *Giornale critico della filosofia italiana,* 1983, S. 193-195; FrancescoTomasoni, Il «Pierre Bayle» di Feuerbach: Riscoperta o travisamento?, in: *Giornale critico della filosofia italiana,* 1999, S. 401-406.

Schriftsteller eigenen Fragestellungen auf. Es liegt die Vermutung nahe, dass die spätere Aufwertung der Aufklärung durch Feuerbach auf einer nur partiellen Erkenntnis derselben fusst und in eine markante Idealisierung derselben mündet.

5. Realismus und Idealität: Friedrich der Zweite

Aus den bei der Münchener Universitätsbibliothek aufbewahrten Manuskripten Feuerbachs können wir weitere Daten zur Überprüfung unserer Vermutung schöpfen. Eine eigentümliche Spur liegt noch einmal im Buch *Bayle*. Es handelt sich um zwei Zitate aus den Werken Friedrich des Zweiten, die merkwürdigerweise mit Nachdruck angeführt werden. Das eine lautet: «Mein höchster Gott ist meine Pflicht» und wird mit dem Hinweis auf das erläutert, was Friedrich «der Menschheit leistete»; das andere endet mit der Aussage: «*Wo Wahrheit fehlt, ist keine Wissenschaft.*»[45] Friedrich der Zweite verkörpert also das Ideal der Aufklärung in sich. Es ist von Belang, zu bemerken, dass ein fleissiges Studium der Briefe Friedrichs des Grossen an d'Alembert in den Handschriften Feuerbachs bezeugt ist. Eine grosse Menge von Exzerpten reicht von 1765 bis 1782. Das Abschreiben folgt der chronologischen Reihe der Briefe, aber danach kehrt Feuerbach noch einmal zurück, um die Bruchstücke zu ergänzen.[46] Feuerbach befasste sich nicht mehr mit einer Gestalt wie Bayle, der nur im weitesten Sinne und mit einem gewissen Zwang zur Frühaufklärung gezählt werden kann, nicht mehr mit Gestalten der Spätaufklärung oder der Frühromantik, wie Kant, Jacobi und Herder, sondern mit einem Protagonisten der deutschen Aufklärung, der in der Mitte wichtiger kultureller Beziehungen stand. In seinen Briefen an D'Alembert äussert sich Friedrich der Zweite über Voltaire und Hélvetius, setzt sich mit seinem Korrespondenten auseinander, tangiert philosophische und politische Fragen.[47] Von alledem hat Feuerbach viele Exzerpte gemacht. Je mehr sich der Briefwechsel zwischen Friedrich dem Grossen und D'Alembert entfaltete, desto eindringlicher wurden die Einwendungen, die Fragen und Aussagen des Königs den Philosophen gegenüber.[48]

Er zeigte einen realistischen Blick, indem er die Begriffe der Aufklärung auf die Probe stellte und relativierte. Dies ist der Fall im Blick auf die Toleranz. Anfangs drückt Friedrich der Zweite sein Mitleid für D'Alembert aus, der wegen seines Kampfes gegen die Jesuiten verfolgt wird und schreibt:

[45] *GW* 4, 108, 173.

[46] UB. München 935d 32.17 aus Friedrich II. König von Preussen, *Historische Werke*, XI u. XII, *Hinterlassene Werke*, I. u. II. Theil (*Briefe an D'Alembert*), Berlin 1788.

[47] Zu seinem kritischen Abstand auch von der *Encyclopédie*, vgl. H. Möller, a.a.O. (Anm. 8), S. 126-129.

[48] Zur hohen Schätzung des Königs gegen D'Alembert, vgl. H. Möller, S. 127.

«Wer verblendet und grausam ist, kann noch verfolgen: die Aufgeklärten und Menschlichdenkenden aber müssen tolerant sein. Jener Schandfleck der Verfolgung stehe nicht mehr in der Reihe der Verbrechen unseres Jahrhunderts! Diess muss man von den täglichen Fortschritten der Philosophie erwarten.»[49] Für eine gewisse Zeit teilt der König die Feindseligkeit D'Alemberts gegen die Jesuiten und Papisten. Er tadelt «den Hochmuth eines Priesters, der Kronen unter seine Füsse treten wird», und setzt ihm «eine aufgeklärte Vernunft» entgegen, «welche die gesetzmässige Gewalt der Fürsten in Schutz nimmt und vertheidigt».[50] Plötzlich aber trifft der König die Entscheidung, in seinen Staat die von anderen Ländern ausgestossenen Jesuiten als Lehrer aufzunehmen. Da D'Alembert selbstverständlich darüber verärgert war, appelliert Friedrich der Zweite an die Toleranz: «Beschuldigen Sie mich zu weitgetriebener Toleranz; auf diesen Fehler werde ich stolz sein.» Der König war selbstverständlich von realistischen, wenn nicht opportunistischen Gründen motiviert. Er fügte aber hinzu: «Wir Akataleptiker übereilen uns nicht mit unseren Urtheilen. Wir sind überzeugt, dass uns unsere Schlüsse oft täuschen, und dass fast kein Gegenstand da sei, den man bis aufs Ende erforschen könne. Vermöge einer Folge dieses Skeptizismus bitte ich Sie, auch nicht ungeprüft den Verläumdungen zu glauben, die man wider unsere guten Patres verbreitet.»[51] Friedrich der Zweite, der bekanntlich ein eifriger Bewunderer von Bayle war,[52] zog oft gegen die Abstraktheit den Skeptizismus zu Felde.
Er erinnerte D'Alembert an die geringe Wirksamkeit der Philosophie auf die Gesellschaft, die vom Lebensunterhalt oder vom Leichtsinn, Liederlichkeit und Albernheit in Anspruch genommen ist.[53] Er folgerte daraus pessimistisch: «Unvollkommenheit, sowohl im Sittlichen, als im Natürlichen, ist der Charakter der Kugel, die wir bewohnen. Umsonst ist das Bestreben, diese Welt aufzuklären: oft bringt sogar diese Beschäftigung denen Gefahr, die sich damit befassen. Können wir weise für uns sein, aber den Pöbel müssen wir dem Irrthum überlassen.»[54]
Über dergleiche Aussagen hinaus taucht die Überzeugung auf, dass sich die Menschen mehr von der Einbildung, von den Leidenschaften und den religiösen Vorstellungen führen lassen als von der Vernunft: «Die Frage, welche Sie unserer Akademie vorlegen, gehört zur tiefdringenden Philosophie. Sie fordern, wir sollen die Natur und Beschaffenheit des menschlichen Geistes erforschen, um zu bestimmen: ob der Mensch fähig ist, dem ge-

[49] 935d 32.17, 1r , *Briefe an D'Alembert*, I, S. 22 (7. Jänner 1768).
[50] *Briefe an D'Alembert*, I, 27 (7. Mai 1768).
[51] 935d 32.17, 2v, *Briefe an D'Alembert*, I, S. 174, 180-181 (28. Juli 1774).
[52] Lewis White Beck, *Early German Philosophy. Kant and his Predecessors*, Cambridge, Mass. 1969, S. 312; H. Möller, S. 127.
[53] 935d 32.17, 1v, *Briefe an D'Alembert*, I, S. 58 (8. Jänner 1770).
[54] Ebenda, 1v, *Briefe an D'Alembert*, I, S. 59 (8. Jänner 1770).

sunden Verstand eher als seiner Einbildung zu glauben. Nach meinen geringen Einsichten würde ich mehr für die Einbildung sein: weil ein System voll Wunder reizt, und der Mensch zwar gern vernünftelt, aber nicht vernünftig ist.»[55] Friedrich der Zweite verwies auf die Macht der Religion, die aus einer eigentümlichen Mischung von Fabeln und moralischen Regeln bestand, und stellte den Kampf gegen die Religion in Frage. Wenn es gut und nützlich war, «die Menschen aufzuklären», war es «unklug und selbst gefährlich, wenn man jene Nahrungsmittel des Aberglaubens abschaffen wollte, die man öffentlich den Kindern austheilt, um sie, dem Willen ihrer Väter gemäss, damit zu nähren.»[56] Eine solche Stellungnahme schickt sich in die deutsche Aufklärung, die sich überhaupt in politischer und philosophischer Hinsicht mässiger aussprach. Der König lehnte auch deterministische und materialistische Systeme ab und war besonders kritisch gegen Hélvetius. Auch von Voltaire nimmt er dann und wann einen gewissen Abstand, obwohl er nach dem Tode Voltaires mit dem Ton des vollen Lobs ausruft: «Voltaires schönstes Ehrendenkmal ist dasjenige, welches er sich selbst errichtet hat: seine Schriften, die länger dauern werden, als die Basilika des heil. Petrus, als das Louvre.»[57]

Feuerbach nahm aus den Briefen mit der grössten Sorgfalt viele Exzerpte, aber lässt in seinen Werken von diesen Fragestellungen schwache Spuren erkennen. Für ihn ist Friedrich der Grosse vielmehr das Muster der Liebe zur Tugend und Wahrheit. Selbstverständlich teilte er nicht die Besorgnisse des aufgeklärten Königs um die gesellschaftliche Ordnung; er wünschte vielmehr eine Änderung. Bei dieser Anstrengung aber wurde er nicht der Forderung nach einem realistischen Blick gerecht.

Das ergibt sich auch durch eine weitere Parallele zu Feuerbachs Interpretation des Denkens Bayles. Wenn Friedrich der Zweite den Skeptizismus zur Richtschnur machte, um jenseits jeder Abstraktheit das Konkrete irgendwie zu erfassen, war der historische Pyrrhonismus auch für den französischen Schriftsteller eine Waffe gegen vorgefasste Meinungen und ein Ansporn zum flexibeln, geschickten Verständnis der Wirklichkeit. Feuerbach zieht diese Ansicht in Betracht, aber wandelt entschieden ihren Sinn. Wenn Bayle behauptete, dass die Menschen oft im Widerspruch mit ihren theoretischen Prinzipien leben und vielmehr ihren Leidenschaften folgen, interpretiert Feuerbach unter den bestrittenen theoretischen Prinzipien die religiösen.[58] Im Gegenteil dazu verteidigt er die Kraft der Vernunft. Während die Religion nicht imstande ist, unsere Leidenschaften im Zaume zu halten, habe an sich die Natur und die Vernunft, die Macht sich zu behaupten. Er zitiert aus Bayle: «Es gibt Gesetze des Denkens, die unabhängig von dem

[55] Ebenda, 1ᵛ, *Briefe an D'Alembert*, I, S. 56-57 (8. Jänner 1770).
[56] Ebenda, 1ᵛ, *Briefe an D'Alembert*, I, S. 65-66 (3. April 1770).
[57] *Briefe an D'Alembert*, I, S. 75 (28. Julius 1770).
[58] *GW* 4, S. 58.

Willen des Menschen durch sich selbst, nicht infolge der Willkühr richtig und wahr sind; eitel und lächerlich wäre der Widerstand des menschlichen Geistes gegen das Wesen und die Eigenschaften dieser Gesetze.»[59] Durch das Mittel des Naturbegriffs wird also eine Brücke zwischen den Leidenschaften und der moralischen Vernunft geschlagen. Während Friedrich der Grosse die Macht der Religion und des Aberglaubens betont hatte, stellt Feuerbach im Buch *Bayle* die Autonomie der Vernunft heraus, die beinahe als ein natürliches Vermögen erscheint. Der Kritizismus von Kant wird zu einer spinozistischen Auffassung umgebogen, die von der romantischen Interpretation noch einmal atmet. Zur Stütze seiner Verteidigung der Natur und Vernunft als der ursprünglichen Quelle und der allgemeingültigen Richtschnur für den Menschen, erhebt Feuerbach die griechischen Philosophen, die als Heiden noch nicht von der unnatürlichen Religion verdorben waren und ein natur- und vernunftgemässes Verhalten zeigen. Dabei fusst Feuerbach auf mehreren Artikeln des *Dictionaire*, die einige Gestalten des Altertums aufwerteten. Wenn Bayle darauf zielte, die Unabhängigkeit der Moral von der Religion in Schutz zu nehmen und die Möglichkeit des «athée vertueux» zu behaupten, verspricht sich Feuerbach noch mehr. Der Gegensatz zwischen dem Glauben und der Vernunft schliesst in sich den Gegensatz zwischen Christentum und Heidentum. Dabei taucht ein historiographisches Modell auf, das Feuerbach schon in der frühen Jugend in Gibbon's Werke[60] gefunden und in seinen kurzen geschichtlichen Einleitungen zu den *Gedanken* und zur *Geschichte der neueren Philosophie* benutzt hatte. Der Widerspruch zwischen dem naturgemässen Heidentum und dem unnatürlichen Christentum, der schon in der Aufklärung thematisiert[61] und später mit der kantischen Forderung nach der Autonomie der Vernunft in Verbindung gebracht wurde, spielt bekanntlich eine wichtige Rolle im *Wesen des Christentums*. Dass dabei die Idealisierung entscheidend ist, liegt auf der Hand. Nicht zufällig ermahnt Feuerbach: «Wer das Konkrete zum Massstab anlegt, macht das menschliche Bedürfnis, welches nach Zeiten, Völkern und Individuen, nach Alter und Geschlecht verschieden ist, zum Prinzip des Wahren.»[62] Eine solche Idealisierung hat zur Vernachlässigung der realistischen Tendenzen und der skeptischen Richtungen in der Aufklärung geführt.

[59] Ebenda, S. 66.

[60] Uwe Schott, *Die Jugendentwicklung Ludwig Feuerbachs bis zum Fakultätswechsel*, Göttingen 1963, S. 39-42; Claudio Cesa, *Il giovane Feuerbach*, Bari 1963, S. 23-24.

[61] H. Möller, S. 173-74.

[62] Ebenda, S. 339.

6. Realistische Tendenzen

Feuerbach wird später immer mehr der Kraft der Sinnlichkeit gewahr. Davon hatte er doch schon in der Schrift *Abaelard und Héloïse* eine Ahnung zum Ausdruck gebracht. Die unerlaubte Liebe zwischen dem mittelalterlichen Magister Abaelard und dem schönen Mädchen Héloïse steht auf dem Hintergrund einer Schrift, die die Spannung zwischen Vernunft und Liebe, zwischen Schrift und Leben ans Licht bringt. Feuerbach selbst war in einer schwierigen sentimentalischen Situation befangen, wie man aus einer vermutlich aus gesellschaftlichen Rücksichten abgebrochenen Beziehung mit einem Mädchen[63] und aus der unmittelbar darauffolgenden Heirat mit Berta Löw erraten darf. Zwischen die mittelalterliche Geschichte und das Nachdenken über sich selbst als Mensch und Schrifsteller schiebt sich vor allem das achzehnte Jahrhundert ein.
Zunächst ist die Anspielung auf Rousseau erkennbar. Der Genfer Schriftsteller soll mit seiner Aktualisierung der tragischen, sentimentalen Liebe in der *Nouvelle Héloïse* Feuerbach den unmittelbaren Anstoss gegeben haben. Übrigens taucht er mehr oder weniger ausdrücklich in der Schrift Feuerbachs *Abaelard und Héloïse* auf.[64] Er erwähnt Malesherbes, den berühmten Justizbeamten, der mit Rousseau einen wichtigen Briefwechsel hatte, er erinnert an die Schwierigkeiten Rousseaus mit der Welt und weist auf die romantische Vorliebe für die Einsamkeit hin.[65] «Die Bücher sind einsame Kapellen, die der Mensch in den wild-romantischen Gegenden des Lebens auf den höchsten und schönsten Standpunkten errichtet und auf seinen Wanderungen nicht bloss der Aussicht wegen, sondern hauptsächlich deswegen besucht, um sich in ihnen von den Zerstreuungen des Lebens zu sammeln und seine Gedanken auf ein anderes Sein als das nur sinnliche zu richten.»[66] Während das Verbot die Beziehung zwischen Saint Preux und Héloïse zur innigsten Sentimentalität führt, die an sich die Spannung mehr verdeckt, als aufhebt, läuft die Entwicklung der Gegensätze in der Schrift Feuerbachs auf die Erhebung der Liebe hinaus, als *«das schönste Band zwischen Mensch und Schriftsteller»*.[67]
Im Vergleich mit dem literarischen Muster des achzehnten Jahrhunderts erscheint die Lösung Feuerbachs leichter: Kein Opfer, kein Verzicht ist erforderlich: «Mir sollte die Liebe fremd sein? Oh Du Verblendeter! Ich

[63] Hans-Martin Sass, Ludwig Feuerbach und die Zukunft der Philosophie, in: H.-J. Braun/H.-M. Sass, W. Schuffenhauer, F. Tomasoni (Hg.), *Ludwig Feuerbach und die Philosophie der Zukunft*, Berlin 1990, S. 23-24.

[64] Für eine eingehende Behandlung des Verhältnisses Feuerbachs zu Rousseau vgl. Ursula Reitemeyer, Feuerbach und die Aufklärung, in: W. Jaeschke/F. Tomasoni (Hg.), *Ludwig Feuerbach und die Geschichte der Philosophie*, Berlin 1998, S. 269-270.

[65] *GW* 1, S. 550, 608.

[66] Ebenda, S. 544.

[67] Ebenda, S. 638.

kenne sie besser und gründlicher als Du. Sie ist mir näher verwandt, als Du glaubst. Geist und Liebe sind nur Zweige eines und desselben Stammes.» So spricht der Schriftsteller.[68] Der Gegensatz zwischen Vernunft und Liebe gilt auch im Brief Feuerbachs an seine Braut, Berta Löw, als überboten: «Denn ich setze ihr [der Liebe] die Vernunft nicht als ein fremdes, feindseliges Wesen entgegen, wie so viele Menschen tun, die weder etwas von der Liebe, noch von der Vernunft wissen, sondern nur voran als eine an Jahren und Verstand reifere Schwester. Ich betrachte nämlich die *Liebe* als eine wesentliche Art der Erkenntnis selber, als die Art, wie allein der Mensch den Menschen wahrhaft erkennt (...) Diese meine Zusammenstellung oder vielmehr Identifikation der Liebe mit der Vernunft (...) ist eine der gelungensten Materien in meiner früheren Arbeit.»[69] Der Hang Rousseaus zur Ganzheit, zur Totalität lässt sich noch darin spüren, aber die endliche Lösung erscheint bei Feuerbach leichter als bei Rousseau.[70] Die Verschmelzung des Prinzips der Romantik und des Prinzips der Aufklärung entspricht der grundlegenden Tendenz Feuerbachs, die Liebe, das Gefühl, die Sinnlichkeit dem Bereich des Irrationalen zu entziehen. Und trotzdem wird die Vernunft getrieben, sich selbst zu überholen.

Dabei spielt der Humor eine Rolle. Feuerbach erklärt ihn in seinem offenen Brief an Karl Riedel und zwar im Bezug auf *Abaelard und Héloïse*: «Die Liebe verknüpft den *Geist* mit dem *Menschen*, der Humor die *Wissenschaft* mit dem *Leben*. Die Liebe ist selbst Humor und der Humor Liebe.»[71] Humoristische Bemerkungen sind durch die ganze Schrift verbreitet. Sie zielen darauf, bei den berühmten Menschen und Schriftellern der Vergangenheit ihre konkrete Wirklichkeit aufzuweisen. Die so eigenartigen Nachrichten scheinen noch einmal aus dem *Dictionaire* von Bayle herzukommen, obwohl die Quelle nicht genannt wird. Erasmus fängt an zu lachen und wird von einer Augenkrankheit befreit, Karl V. beschäftigt sich «nach Ablegung seiner Kaiserkrone mit der Verfertigung possierlicher Puppen», «der Humanist Hermolaus Barbarus zitierte einst sogar den Teufel um sich aus einer literarischen Verlegenheit zu helfen», der Humanist Flamminius hatte «so einen widerlichen Hang zur Einsamkeit, dass er mit keinem Menschenkinde umging».[72] Diese und andere kuriose Anekdoten, z. B. über Voltaire,[73] dienen sozusagen zu einer Entmythologisierung der grossen Persönlichkeiten und der wissenschaftlichen Menschen. Sie stimmen mit dem pyrrhonistischen *esprit* eines Bayle überein, aber entsprechen auch dem allgemei-

[68] Ebenda, S. 638.

[69] *GW* 17, S. 216-217 (11./[13.] Januar 1835).

[70] Zur Parallele zwischen Rousseau und Feuerbach im Bezug auf die erstrebte Einheit von Sinnlichkeit und Vernunft, von Mensch und Natur, vgl. U. Reitemeyer, *Feuerbach und die Aufklärung*..., S. 277-280.

[71] *GW* 9, S. 10.

[72] *GW* 1, S. 550, 570, 580, 600.

[73] Ebenda, S. 580.

neren Geschmack des XVIII. Jahrhunderts, das von der Mannigfaltigkeit der Menschen und der Sitten angezogen war.
Nicht zufällig bringt Feuerbach Zitate aus der Literatur desselben Jahrhunderts. Erwähnenswert ist die lange Geschichte der Seele von Pedro Garcias aus der *Histoire de Gil Blas de Santillane* oder die Erzählung aus dem *Diable boiteux*, beide von Alain René Lesage.[74] Zwei Studenten stehen verblüfft vor der Inschrift auf dem Grab von Pedro Garcias: «Hier ist begraben die Seele des Lizentiaten Peter Garcias.» Der jüngere von ihnen bricht «in lautes Gelächter» aus und sagt: «Kann man sich wohl etwas Komischeres denken?» Der andere errät unter dem Komischen einen verborgenen Sinn und denkt: «Darunter steckt ein Geheimnis; ich will hier bleiben, um es zu entdecken.» Er gräbt mit seinem Taschenmesser die Erde und findet einen ledernen Beutel mit hundert Dukaten.[75] Diese Geschichte aus einem französischen Schriftsteller des achzehnten Jahrhunderts ist ein sinnfälliges Beispiel für den Witz, der zur Entdeckung reizt. Merkwürdig ist auch die Episode aus dem *Diable boiteux*. Der hinkende Teufel führt seinen Schüler auf die höchsten Gipfel der Menschenwohnungen, um von daher die Menschen «in ihren geheimsten Verrichtungen, in ihren skandalösesten Situationen» zu zeigen. Viele Blendwerke der falschen Schönheit und Ehre fallen und lassen eine echtere Wahrheit erscheinen. Aus solchen erstaunlichen Geschichten bekommt Feuerbach ein vielfältiges Bild der Menschen, die kaum unter ein bestimmtes Muster der Vernunft gebracht werden können.
Hierzu ist auch der Hinweis auf Lichtenberg von Belang.[76] Bekanntlich legte der göttingische Schriftsteller der Aufklärung auf den Humor viel Gewicht. Gegen die sozusagen monistischen Erklärungen stellte er die Kraft des Dualismus. In der Schrift *Abaelard und Héloïse* erscheint von ihm das Zitat: «Es sei ganz gewiss, dass einem bisweilen ein Gedanke gefalle, wenn man liege, der einem nicht mehr gefalle, wenn man stehe.»[77] Dieser Begriff kommt in den Werken Lichtenbergs mehr als einmal vor. Er zielte darauf, das Denken in eine bestimmte Situation einzuwurzeln und das Unbewusste in ihm zu behaupten. Lichtenberg hatte gesagt: «Wir werden uns gewisser Vorstellungen bewusst, die nicht von uns abhängen; andere glauben, wir wenigstens hingen von uns ab; wo ist die Grenze? Wir kennen nur allein die Existenz unserer Empfindungen, Vorstellungen und Gedanken. *Es denkt*, sollte man sagen, wie man sagt: *es blitzt*. Zu sagen *cogito*, ist schon zu viel, so bald man es durch *Ich denke* übersetzt. Das *Ich* anzunehmen, zu pos-

[74] Ebenda, S. 568-569, 604-605.
[75] Ebenda, S. 568-569.
[76] S. die Hinweise auf Gil Blas in Georg Christoph Lichtenberg, *Sudelbücher* I, F 69; II, G 35; Mat II, 44; SK 492, 513, in *Schriften und Briefe* (= *SuB*), hg. von Wolfgang Promies, München 1967-74, I (1980³), p 471; II (1991³), S. 139, 592, 783, 787; vgl. auch *Streifschriften* und *Hogarthische Kupferstiche*, *SuB* III, S. 307, 790.
[77] *GW* 1, S. 601.

tulieren ist praktisches Bedürfnis.»[78] Darauf wird auch Feuerbach in der Schrift *Wider den Dualismus von Leib und Seele* zurückkommen: «Hat aber nicht auch Lichtenberg recht, wenn er behauptet: Man sollte eigentlich nicht sagen: ‹Ich denke, sondern: Es denkt›? Wenn also auch gleich das ‹Ich denke› sich vom Leibe unterscheidet, folgt daraus, dass auch das ‹Es denkt›, das Unwillkürliche in unserm Denken, die Wurzel und Basis des ‹Ich denke›, vom Leibe unterschieden ist? Woher kommt es denn, dass wir nicht zu jeder Zeit denken können, dass uns nicht die Gedanken nach Belieben zu Gebote stehen, dass wir oft mitten in einer geistigen Arbeit trotz der strengtesten Willensbestrebungen nicht von der Stelle kommen, bis irgendeine äussere Veranlassung, oft nur eine Witterungsveränderung die Gedanken wieder flottmacht?»[79] In dieser späteren Schrift leitete Feuerbach aus dem Gedanken Lichtenbergs den Schluss, dass «die Denktätigkeit eine organische Tätigkeit ist». In *Abaelard und Héloïse* ist nur der Hinweis auf die konkrete Situation und auf das Unvorsehbare des Geistes wichtig.
Lichtenberg wollte die organische Bedingung nicht verkennen, aber vor allem den Menschen als «gemischtes Wesen» aufweisen, das «halb Geist und halb Materie» ist. Nach ihm war das Bewusstsein mit Unbewusstem, die Freiheit mit Abhängigkeit innig verwoben.[80] Einen ähnlichen Standpunkt wird auch Feuerbach in den *Grundsätzen* und im *Wesen der Religion* zum Ausdruck bringen, als er die Bewegung des Gedankens der Ellipse angleichen und die Abhängigkeit als grundlegende Bedingung des Menschen vorlegen wird.[81] Die Frage ist aber, ob diese Überzeugung mit der konkreten Verfahrensweise Feuerbachs in Einklang steht. Er selbst zieht oft die Form der Aphorismen vor, aber wird dadurch der Begriff selbst der Vernunft tatsächlich mit einbezogen?
Ein gewisses Schwanken in Feuerbachs Denken scheint so gut wie unleugbar. Schuld daran sind vermutlich die erst spätere und partielle Aufnahme der Aufklärung, nach dem anfänglichen Abstand von derselben, die Unterschätzung der Skepsis in ihrem philosophischen Gehalt, die Furcht vor dem Dualismus. Er war durch seine frühere Rezeption der Romantik und des Idealismus stark bedingt. Seine konkreten Einblicke in die Realität des Menschen geben vor der Forderung der endgültigen Einheit nach.
Wenn Lichtenberg zum Dualismus von Kopf und Herz, von Mensch und Natur greift, um sich von jedem vermeintlich allumfassenden Begriff zu befreien und das Denken auf der Grenze zu führen,[82] benutzt auch Feuer-

[78] G. Chr. Lichtenberg, *Sudelbücher*, II, K 83, *SuB* II, S. 412.
[79] *GW* 10, S. 127-128.
[80] G. Chr. Lichtenberg, *Sudelbücher* I, L 315, *SuB* I, S. 899.
[81] *GW* 9, S. 332; 10, S. 4; 6, S. 32-34, 45-46.
[82] G. Chr. Lichtenberg, *Sudelbücher*, I, D 161, *SuB* I, S. 254. Vgl. Gerhard Neumann, *Ideenparadiese. Untersuchungen zur Aphoristik von Lichtenberg, Novalis, Friedrich Schlegel und Goethe*, München 1976, S. 111-115, 119-127, 141-151,154-162, 171-174, 198-203.

bach oft die Form der Entgegensetzung. Er ist aber um die Einheit bekümmert. Daher die sozusagen irenische Lösung nach der Spannung. Lichtenberg hatte oft vor der Verabsolutierung der Aufklärung gewarnt: «Was man von dem Vorteile und Schaden der *Aufklärung* sagt, liesse sich gewiss gut in einer Fabel vom Feuer darstellen.»[83] Und erklärte: «Wenn irgend ein Phöbus seinen feuerigen Wagen zur Erleuchtung und Verherrlichung der Welt an dem Firmament hinführt, so kann man sicher auf ein Dutzent Phaetone rechnen, die in ihren Cabrioletchen und Halbchaisen hinter drein purzeln.»[84] Eine solche Verabsolutierung war dem Geiste selbst der Aufklärung entgegen. Diesem Geist kam Feuerbach selbst mehrfach näher, aber ohne ihn geschichtlich und begrifflich in angemessener Form zu würdigen. Wenn also seine Rückkehr zur Aufklärung besonders zu bewerten ist und ein wichtiges Übergangsstadium von dem Idealismus zur sinnlichen Anthropologie ausmachte, muss man dabei bemängeln, dass sich die Anstösse zum Konkreten mit Schwierigkeit durch das Bekümmernis um das Ganze durchsetzen. Wenn man also in ihm aufklärerische Ansätze als Ausgangspunkte zur Emanzipation preist oder als Fesseln eines abstrakten Denkens kritisiert, muss die Frage offen bleiben, ob die getadelten Mängel nicht in der eigenartigen Rezeption der Aufklärung durch Feuerbach liegen.

Als er später die Erkenntnis auf die Sinnlichkeit begründet, erregt er den Verdacht, dass er die skeptischen Schwierigkeiten und Einwendungen nicht adäquat in den Blick nimmt. Auch sein Kampf gegen die Religion wird unter einer gewissen Ambivalenz leiden. Einerseits wächst immer mehr in ihm das Bewusstsein von der Macht der Religion und entdeckt er in ihr die Kraft des Triebs, des Wunsches und der Phantasie,[85] andererseits besteht er auf einer vernünftigen Interpretation derselben, die kaum die in der Religion entwickelten Gegensätze umfassen kann. So ist es der Fall z.B. mit den übernatürlichen Wünschen, deren Ursprung nicht durch das blosse Verkennen der natürlichen Schranken erklärlich ist.[86] Wenn eine gewisse

[83] Ders., *Sudelbücher* II, K 257.

[84] Ders., *Sudelbücher* I, L 489, vgl. auch J 971, *SuB* I, S. 920, 790. Zur Kritik der Aufklärung bei Lichtenberg vgl. G. Neumann, S. 135-141, Rudolph Vierhaus, Lichtenberg und seine Zeit, in: *Aufklärung über Lichtenberg*, hg. von Wolfgang Promies, Göttingen 1974, S. 35-36.

[85] Vgl. dazu H.-J. Braun, *Die Religionsphilosophie Ludwig Feuerbachs. Kritik und Annahme des Religiösen*, Stuttgart 1972, der eine bemerkenswerte Behandlung der *Theogonie* vorbringt.

[86] Zum Wunsch der Unsterblichkeit vgl. *GW* 7, S. 161-169; s. auch: «Mit dem Wunsch eröffnet sich ein Gebiet, wo, selbst wenn der Mensch sich soviel als möglich an die Natur anschliesst, und nur einen mässigen, durch die Not des Lebens gerechtfertigten oder wenigstens zu entschuldigenden Gebrauch von demselben macht, doch an sich alle Grenzen und Schranken aufgehoben sind, alles möglich ist, was nur immer der Mensch sich wünschen, sich einbilden, sich träumen kann.»

Tragik in der *Theogonie* auftaucht und der Kampf des Menschen mit seinem eigenen Schicksal so vielgestaltig ist, musste auch die Vernunft einer radikalen Revision ihres Sinnes unterliegen. Feuerbach liess sich auf eine Art Hermeneutik der klassischen Texte ein, kam den alten Urkunden der Menschheit, den homerischen Gedichten und der Bibel näher, wertete das in ihnen zum Ausdruck gebrachte Leben auf. Man muss aber mit guten Gründen danach zweifeln, ob seine Methode dem Zweck angemessen war. Die philologische Methode war ihm in der Jugend zu trocken erschienen. Später versuchte er, die erforderlichen sprachlichen Kenntnisse zu lernen. Davon legen viele Manuskripte Zeugnis ab. Ob er die Lücken ausgefüllt und den echt philologischen Geist erworben hat, ist eine Frage, die weit über den Rahmen dieses Vortrags hinausgeht. Der Versuch ist aber an sich schon bemerkenswert und verrät sein eigenes Unbefriedigtsein mit dem übernommenen Muster der Vernunft. Die Suche nach einem konkreteren, flexibleren Mittel zum Verständnis und die Treue zu einem endgültigen, vernünftigen Kriterium können jedoch als Zeichen der Kontinuität mit der tieferen Tendenz der Aufklärung gewertet werden, obwohl Feuerbach davon kein deutliches Bewusstsein hatte.

Über das Bestehen von zwei entgegegesetzten Interpretationsmodellen vgl. Van Austin Harvey, *Feuerbach and the interpretation of religion*, Cambridge 1995, S. 48-52, 169-171, 244-245, 275, 278-280.

Ludwig Feuerbach und Gottfried Keller

Hans-Jürg Braun und Heinrich Mettler

1. Wie Feuerbachs Heidelberger Vorlesungen von 1848/49 Gottfried Keller die Augen öffneten: Verleiblichung

Der Philosoph und der Dichter – beide in den Wendungen und Wandlungen des 19. Jahrhunderts ihren Weg suchend – sind in eigentümlicher Weise aufeinander bezogen. Wie das Denken des Philosophen die geistige Landschaft der Jahrhundertmitte prägt, so zeigt das Schreiben des Dichters nicht nur eine Beeinflussung, die vom Philosophen ausgeht. Die Welt-Anschauung und Menschendarstellung des Schweizers wird durch den Philosophen farbig und plastisch. Feuerbachs Heidelberger *Vorlesungen über das Wesen der Religion* vermitteln Gottfried Keller den Eindruck, sich endlich selber zu verstehen. Sie vermögen ihm, nach einigem Widerstreben, die Augen zu öffnen, so dass er fortan, mit Feuerbach zu sprechen, einer ist, der *ungeblendet durch religiöse Vorstellungen die Wirklichkeit ansieht, wie sie ist.*[1] Umgekehrt kann eine heutige Lektüre der *Vorlesungen* angesichts Feuerbachs vielfach noch abstrakt anmutender Rückführung aller über das Irdische hinausgehenden Glaubenshoffnung auf das Hier und Jetzt des Lebens, auf das Zusammenleben, auf das Du zum Schluss kommen: Erst in Gottfried Kellers Gestalten erfährt Feuerbachs Philosophieren vollends seine Inkarnation!
Der 30-jährige Dichter, der, wie er gesteht, als «oberflächlicher und unwissender Lümmel» einst über Feuerbach den Stab gebrochen hatte, ist unter dem Eindruck der Heidelberger Vorlesungen von 1848/49 über das Wesen der Religion von einem Saulus zu einem Paulus geworden.
Der radikale Verzicht auf eine jenseitige Welt, den Feuerbach postuliert, führt zur Konzentration aller seelischen und geistigen Kräfte des Menschen auf das Diesseits, das alleinige Stätte menschlicher Anstrengung und Leidenschaft sein soll. Dieser Feuerbach, der nach Kellers Worten *nichts als die Natur* hat und die Natur ergreift mit all seinen Fibern in ihrer ganzen Tiefe, und der sich *weder von Gott und Teufel aus ihr herausreissen* lässt – dieser

[1] *GW* 6, S. 231 (siehe Literaturverzeichnis am Schluss dieses Beitrags).

Feuerbach, der Keller täglich lieber wird, *vielleicht auch darum, weil er ein Glas Roten nicht verachten tut,* dieser Feuerbach, der so *frei von allem Schulstaub* und *von allem Schriftdünkel ist,* er führt nach wie vor in der Geschichte des Geistes zumeist ein vermitteltes Dasein. Er lebt dadurch, dass andere sich auf ihn berufen, weil sie die Ergebnisse seiner philosophischen Arbeit assimilierten, oder weil er einmal an ihrem Horizont als leuchtender Stern aufstieg, glühte, und in nächtlichem Dunkel versank.[2] Er ist für andere zum Vermittler, zum Du geworden. Die Art seines Wirkens hat durchaus mit seinem eigenen Philosophieren zu tun.
Aber die Aufmerksamkeit für Feuerbachs eigenes Denken steht in keinem Verhältnis zu seiner Wirksamkeit und seinen Folgen. So sehr die meisten nachhegelschen Bestrebungen einer *Reformation der Philosophie,* ja selbst zentrale Strömungen der Philosophie des 20. Jahrhunderts[3] auf Impulse Feuerbachs zurückweisen, so wenig wurde sein eigenes philosophisches Unternehmen als der radikale Neubeginn gewürdigt, als den der Urheber es verstanden wissen wollte. Er galt als Epigone, befangen in aussichtslosem Kampf mit dem Schatten des Riesen, von dessen Hinterlassenschaft er zehrt, oder aber als ein Vorläufer, der von der Entwicklung, die er anstiess, bereits zu seinen Lebzeiten überrascht wurde.

2. Feuerbachs Verweltlichung des Religiösen: eine Heiligung des Allerweltlichen und Alltäglichen

Feuerbach thematisierte entschieden das Mitmenschliche und damit auch das Ethische als das zentrale Religiöse:

> Das Leben ist überhaupt in seinen wesentlichen, substantiellen Verhältnissen durchaus göttlicher Natur. Oder: Heilig ist und sei dir die Freundschaft, heilig das Eigentum, heilig die Ehe, heilig das Wohl jedes Menschen, aber heilig an und für sich selbst.[4]

Wurde früher das, was ist, durch ein von aussen hereinbrechendes Numinoses geheiligt, so entstand im Verlauf der Geschichte die Einsicht, wonach das, was ist, in seinem Sein bereits ursprünglich die Qualität *heilig* besitzt.
Religion pflegt auf einer Abhebung des Heiligen gegenüber dem Weltlichen zu beruhen, das zum Profanen wird. Die neuzeitliche Gegenbewegung der Säkularisierung möchte umgekehrt das Heilige auf das Profane zurückführen. Feuerbachs Verweltlichung des Numinosen hingegen eröffnet dem Heiligen den ganzen Weltkreis, so dass nichts Profanes mehr zurückbleibt. Leben kann stets nur als heiliges und heilig zu haltendes gelten. In Wahrheit also gibt es im Sinne Feuerbachs keine Profanität.

[2] H. Barth, *L. Feuerbach,* S. 1.
[3] Vgl. S. Rawidowicz, S. 304-508.
[4] *GW* 5, S. 445.

2.1 Das Wesen des Christentums: Wie im Religiösen die menschliche Einbildungskraft am Werk ist, mit Projektionen, die es zu introjizieren, zu enttäuschen, auf einen Anthropozentrismus zurückzuführen gilt. Vom Gattungswesen «Mensch» zum Mitmenschen.

Feuerbach richtet sich in seinem Werk *Das Wesen des Christentums* auf die Innerlichkeit des Bewusstseins als Selbstbewusstsein. Besser noch: Die Innerlichkeit des Bewusstseins vermittelt das wahrhaft religiöse Selbstbewusstsein. An dieser Stelle wäre zu fragen, ob Schellings Aufweis, wie dem menschlichen Bewusstsein der theogonische Prozess des Urbewusstseins zugrunde liegt, nicht in Feuerbachs Schrift in neuer Version wieder erkennbar sei.[5]

Nimmt im *Wesen des Christentums* das Wesen des Menschen als Gattung die Position des Absoluten und Unendlichen ein, so ist die nun folgende Philosophie eine solche der Menschen, die durch sinnliche, materielle Substrate zu kennzeichnen ist. Das neuartige Verständnis von Anthropologie, Feuerbachs Erneuerung des Humanismus, steht im Zeichen des Naturalismus, schliesst das Physiologische mit ein. Das Wesen des Menschen soll man nunmehr im Leib mit allen seinen Trieben und Bedürfnissen suchen. Man kann nicht mehr von der Gattung Mensch als dem über das Individuum erhabenen Wesen sprechen, sondern nur von allen Individuen zusammen als Wesen des Menschen, freilich nicht im Sinne einer Addition, sondern im Sinne einer Aufpotenzierung der Einzelmöglichkeiten, wie sie sich im Miteinandersein, im Miteinander-ins-Gespräch-Kommen, in der Erfahrung des Du ereignen.

Die Einheitlichkeit der Religionstheorie Ludwig Feuerbachs zeigt sich im jeweils folgenden Schritt. Im *Wesen des Christentums* erscheint Religion als Spiegelung des Menschen in sich selbst, als Rückzug auf sein eignes Selbst, als Vollzug seiner Innerlichkeit. Das auf sich selbst bezogene Wesen projiziert Figuren aus sich selbst heraus, um so die ihm für sein Leben und Überleben notwendigen Sinnstiftungen zu leisten.

Aber dieser projektive Vollzug beruht auf Täuschung. Der Begriff, durch den die philosophische Intuition Feuerbachs bezeichnet wird, heisst Enttäuschung.[6] Die Philosophie vollbringt die Enttäuschung des Menschen, d.h. sie ist Aufhebung der Täuschung, in der sich der Mensch über sein wahres Wesen, über die Verfassung und Beschaffenheit als reales Wesen befindet. Man kann auch sagen: Die Philosophie besteht in der Desillusionierung des Menschen.

In der Schrift *Das Wesen der Religion,* fünf Jahre später, gewahren wir drei neue Strukturelemente: Abhängigkeitsgefühl und Egoismus einerseits so-

[5] F. W. J. Schelling, *Philosophie der Mythologie,* Bd. 1, S. 193; Bd. 2, S. 118ff., 615.

[6] H. Barth, *L. Feuerbach,* S. 7.

wie Natur andererseits. Religion entsteht im Verhältnis des Menschen zu seinem Abhängigkeitsgefühl, sowie zum Egoismus und zur Natur in ihrer Unmenschlichkeit.[7]
Wurden Götter einst in verschiedenster Gestalt verehrt, in Quellen die Präsenz göttlicher Wesen geglaubt, heilige Bäume und Steine zu Mittelpunkten kultischer Plätze erhoben, waren gleichfalls Projektionen im Spiel. Der Mensch war nun nicht mehr nur mit sich selbst beschäftigt, in seinem aus mitmenschlichem Ungenügen erwachsenden Gefühl des irdischen Elends, dem Mitleid, sondern mit dem tatsächlichen Elend auf Erden, wie es aus seiner realen Abhängigkeit von der Natur und ihren Gewalten erwächst.
Der Egoismus ist derart gross, dass er seine Abhängigkeit transzendiert in Richtung auf helfende Götter. Ist der Egoismus gar des Menschen Lebensmitte? Oder bedeutet Religion nicht mehr bloss Rückwendung des Menschen auf sein eignes Wesen, sondern ein Hinausgehen über sich selbst zu einem ihm real gegenüberstehenden, fremden, unbekannten Wesen? Wenn Feuerbach im ersten Stadium seines Weges Begriffe wie Allmacht, Ewigkeit, Universalität als Eigenschaften der Gottheit betrachtet, die ihr Substrat in der Gattung des Menschen besitzen, ist nun das verbindliche Substrat, auf das alle diese Grössen zurückgeführt werden können, die Natur.
Die Einbildungskraft gestaltet die Natur um, und zwar nach dem Bild des Menschen. Sie erweist sich als das wesentliche Organ der Religion. Im Anschluss an Luthers *Kirchenpostille* formuliert Feuerbach:

Gott ist so, wie ich ihn glaube, wie ich ihn mir einbilde. (...) Die *Religion ist Poesie*, ein Gott ist ein poetisches Wesen.[8]

Beflügelt von seinen wesentlichen Trieben und Bedürfnissen macht sich der Mensch ein Bild von den Mitmenschen, von der Natur, von Gott und schliesslich von sich selbst, was oder wer ihm auch immer begegnen mag. Ein solches Bild ist mehr als eine blasse Vorstellung. Es handelt sich um einen unaufhörlichen Schaffensprozess, in dem sich herausstellt, wer der Mensch ist. Der

Drang, sein eigenes Inneres zu vergegenständlichen und zu personifizieren – was ja schon in der Natur der Sprache und des Affekts liegt,[9]

nimmt Gestalt an, in allem, was ich im Sinn und vor Augen habe und womit ich mir zu schaffen mache. In meiner Selbstvergegenständlichung bringe ich mich selbst hervor, solange mein Bewusstsein wach und rege bleibt.

[7] F. Tomasoni, *L. Feuerbach und die nicht-menschliche Natur,* Stuttgart 1990.
[8] *GW* 6, S. 203.
[9] Ebenda, S. 204.

Mit dem phänomenologischen Grundsatz der Intentionalität formuliert: Bewusstsein ist Bewusstsein von etwas. Dessen werde ich inne. Dieses Bewusstsein meiner selbst ist für Feuerbach Selbstbewusstsein im Sinne einer alles durchdringenden Selbstbekräftigung, des souveränen Selbstgefühls. Ich mache mir ein Bild und erkenne in diesem Tun mich selbst, fühle mich in meinem Sinnen und Trachten erkannt, indem ich mich mit allen Sinnen von Grund auf bejahen kann. Dieses selbsttätige Verhältnis, das ich in allen Dingen zu mir selbst unterhalte, heisst Einbildungskraft. Indem ich aus mir *her*ausgehe, komme ich zu mir, her zu mir, worauf immer ich auch aus bin, wie es in der Verb-Bildung unübertrefflich zur Sprache kommt. Ich senke das aus meiner Einbildungskraft erzeugte Bild in mich hinein. Psychologisch gesprochen introjiziere ich mein Projizieren. Ich bilde mir nicht nur etwas ein, sondern darin unweigerlich mich selbst.
Indem auch dieses Selbstverhältnis wiederum der Einbildungskraft unterworfen ist, stelle ich mir Gott vor. Dies ist der Angelpunkt für den allbekannten Feuerbachsatz, der die Erschaffung des Menschen durch den Schöpfergott polemisch umkehrt, auf den Kopf bzw., mit Marx zu sprechen, auf die Beine stellt:

> Denn nicht Gott schuf den Menschen nach seinem Bilde, wie es in der Bibel heisst, sondern der Mensch schuf, wie sich im Wesen des Christentums zeigte, Gott nach seinem Bilde.[10]

Nach christlichem Selbstverständnis kann ich in mir Gott erkennen, ja von Gott erkannt werden, weil in mir als Ebenbild sein Urbild eingepflanzt ist. Handelt es sich bei der Feuerbachschen Revolution um eine Akzentverschiebung im Namen der Einbildungskraft des Menschen, der im Grunde seines Gemüts ein Poet, d.h. selbsttätig ist, indem er in allem sich selber tätigt, dies allerdings selbstvergessen, ja sich selber verleugnend einzig Gott zuschreibt? Kann philosophisch unter dem Titel Einbildungskraft ernsthaft von Schaffen die Rede sein? Indem Feuerbach Religion, die Herausbildung von Gott kämpferisch eine Einbildung des Menschen, eine Illusion im Sinne der Selbsttäuschung nennt, die es zu enttäuschen, d.h. aufzuklären gilt, sagt er immer wieder energisch nein und profiliert sein Wesen des Christentums als Revolution gegenüber christlicher Bibelüberlieferung.
Da aber seine Gegner, ja obrigkeitlichen Feinde die Hände über dem Kopf zusammengeschlagen hatten vor Entsetzen über die grässliche Verödung, die in das Menschenleben durch diese Lehre gebracht würde, da sie allen poetischen Schwung der Menschheit raube, mit der Religion auch die Poesie zerstöre, gibt er dem Satz, wonach die Religion Poesie sei, eine entscheidende Wendung: «Ich hebe so wenig die Kunst, die Poesie, die Phantasie auf, dass ich vielmehr die Religion nur *insofern* aufhebe, als sie *nicht* Poesie, als sie gemeine Prosa ist.» Als Prosa ist sie Aussage, Lehre, und

[10] *GW* 8, S. 236.

somit ist ihr Sagen mit einem gravierenden Unterschied behaftet, gegenüber der Poesie, gegenüber der Kunst überhaupt: «dass die Kunst ihre Geschöpfe für nichts andres ausgibt, als sie sind, für Geschöpfe der Kunst; die Religion aber ihre eingebildeten Wesen für wirkliche Wesen ausgibt.»[11]
In solcher Aussage ist die Einbildungskraft wiederum nichts anderes als Einbildung. Feuerbachs Kampf gegen die christliche Lehre bleibt an vielen Stellen Prosa, seinerseits notwendigerweise lehrhaft. Im Folgenden soll aufgewiesen werden, wie erst der Poet Gottfried Keller, dem durch Feuerbach die Augen aufgegangen sind, mit der Einbildungskraft in seinem Element ist. Als Dichter muss er sich nicht mit Aussagen behaupten, auch nicht in Bezug auf die Gottesfrage. Der Möglichkeitssinn dichterischer Einbildungskraft wappnet ihn mit einiger Selbstgelassenheit.
Mit der menschlichen Einbildungskraft lässt sich für Feuerbach erklären, warum auch die Naturgegenstände, wenn sie religiös angeschaut werden, menschenähnliche Wesen, eben deswegen Bilder des Menschen sind. In der Naturreligion nimmt der Mensch seinen Weg über die äussere sinnliche Welt, um in derselben sein eigenes Wesen zu finden. Im Christentum ist der Mensch mit sich selbst beschäftigt.
Der Anthropozentrismus, den Feuerbach sucht, ist in beiden Stadien der Naturreligion und des Christentums das Grundelement.

4. Wie nach der Abschaffung der religiösen Monarachie in der Novelle *Das verlorne Lachen* die *ungeheure Republik des Universums* verkündet werden kann. Zur Frage der politischen Wirksamkeit Feuerbachschen Philosophierens: Religionskritik und Politik.

Feuerbachs neue Philosophie erlangte in der zweiten Hälfte der 40er Jahre des 19. Jahrhunderts eine beachtliche Wirkung. Werner Schuffenhauer schreibt:[12]

Wie am Ende des 18.Jahrhunderts in Frankreich, so gewann die Kritik der Verflechtung von Konservativismus und Religion, des gegen den gesellschaftlichen Fortschritt gerichteten Bündnisses von Thron und Altar und seiner geistigen Grundlagen, politische Bedeutung und eine wirkungsvolle Religionskritik die Funktion indirekt politischer Kritik. (...) Die Hervorhebung der gemeinschaftlichen Natur des Menschen, der Gleichberechtigung aller Menschen, wirkte als humanistische Alternative zur herrschenden Ideologie. Die Betonung des Illusionären einer Selbstverwirklichung innerhalb des religiösen Bezugs und des Widerspruchs religiösen Bewusstseins mit den erkennbaren Wandlungen im Leben der Gesellschaft (einerseits), andererseits die Hervorhebung der geschichtsgestaltenden Macht des Bedürfnisses und der gemeinschaftlichen Schöpferkraft der Menschen, die alle scheinbaren Schranken niederreisst: die Erklärung der Rückkehr des Menschen zu sich selbst als Ziel und ‹Wendepunkt› der Weltgeschichte,

[11] *GW* 6, S. 204f.
[12] W. Schuffenhauer, *GW* 9, S. XXXIX.

kurzum all diese Momente motivierten die Einheit und Aktion der demokratischen Kräfte.

Im Oktober 1848, also mitten im Revolutionsjahr, bricht Gottfried Keller nach Heidelberg auf, mit einem Stipendium der Zürcher Regierung: eine kleine Wiedergutmachung für seine frühzeitige Relegation von der Schule. Nach einem Schülerstreich, mit dem eine Gruppe einem wenig überzeugenden Lehrer übel mitspielte, musste einer exemplarisch bestraft werden. Obwohl Gottfried Keller in keiner Weise Rädelsführer war, fiel ihm die Rolle des Sündenbocks zu, weil nämlich seine Mutter Witwe, von dieser Seite also kein wirksamer Einspruch zu erwarten war.
Gottfried Keller besuchte in Heidelberg anthropologische, philosophische, historische Vorlesungen an der Universität, vor allem aber hörte er in der Zeit vom 1. Dezember 1848 bis zum 2. März 1849 die Vorlesungen Ludwig Feuerbachs. Während sich die politische Revolution ereignete, erlebte Keller durch Feuerbach eine weltanschauliche Wende, ja mehr als das: Er ist zutiefst ergriffen von der Einsicht, endlich zu sich selbst gekommen zu sein. Christlich gesprochen handelt es sich um eine Besinnung, um eine Sinnesänderung, eine wahrhafte Umkehr. Er fühlte sich wie neu geboren.
Bis zur Begegnung mit Feuerbach stand Gottfried Keller unter dem Eindruck vorzeitig abgebrochener Schulbildung. Es blieb ein Gefühl zurück, schulisch unzulänglich geblieben, zu kurz gekommen zu sein. Feuerbachs Lehre bot ihm die Chance, sein eigenes schulisches Ungenügen als Unzulänglichkeit alles Lehrmässigen zu erfahren und schliesslich seinen eigenen Augen zu trauen.
Im *Grünen Heinrich* heisst es:

Auf Heinrich (...) wirkte schon die erste Stunde so, dass er (...) alle seine Verhältnisse vergass und allein gespannt war auf die zuströmende Erfahrung. (...) Wie ein Alp fiel es ihm vom Herzen, dass er nun doch etwas zu wissen anfing; im gleichen Augenblick bereute er auch nicht die gewaltsame und lange Unterbrechung des Lernens, da dasselbe dem Stillen des leiblichen Hungers gleicht: Sobald der Mensch zu essen hat, empfindet er nichts mehr von der Pein und der Ungeduld des Hungers.[13]

Kurzum: Feuerbachs Lehre von der Verleiblichung ist dem Zürcher Stipendiaten in Fleisch und Blut übergegangen.
Am 28. Januar 1849 schreibt er an seinen Freund Wilhelm Baumgartner über den Epoche machenden Heidelberger Aufenthalt:

Ich werde *tabula rasa machen* (oder es ist vielmehr schon geschehen) mit allen meinen bisherigen religiösen Vorstellungen, bis ich auf dem Feuerbachischen Niveau bin. Die Welt ist eine Republik, sagt er, und erträgt weder einen absoluten, noch einen konstitutionellen Gott (Rationalisten). Ich kann einstweilen diesem Aufruf nicht widerstehen. Mein Gott war längst nur eine Art von Präsident oder erstem Konsul, welcher nicht viel Ansehen genoss, ich musste ihn absetzen. Allein ich *kann* nicht schwören, dass *meine* Welt sich nicht wieder an einem schönen Morgen ein Reichsoberhaupt wähle (...),

[13] *SW* 19, S. 31ff.

denn ich werde nie ein Fanatiker sein und die geheimnisvolle schöne Welt zu allem Möglichen fähig halten, wenn es irgend plausibel wird.[14]

Mit diesen Metaphern der Republik, des absoluten und des konstitutionellen Gottes, einer Art Präsident oder eines ersten Konsul spielt Keller nicht nur unüberhörbar auf die Schlagworte der Zeit an. Es handelt sich um sein eigenes republikanisches Glaubensbekenntnis. Feuerbachs Philosophie und die ausbrechende Revolution von 1848, die in der Schweiz zur neuen Bundesstaatsgründung führte, werden in Gottfried Kellers Gemüt ein einziges Bild.
Die öffentliche Angelegenheit von jedermann mit den Rechten jedes einzelnen Kantons bleibt ein von *einem* Geist beseelter Bund, wie er ein Jahr nach der Neugründung im Aargauer Schützenfest von Gottfried Kellers *Fähnlein der sieben Aufrechten* erfahren werden kann.

5. Wie kann Gottesfurcht übrig bleiben, nachdem das Universum eine Republik geworden ist?

Um diese Frage geht es in der Novelle *Das verlorne Lachen*. Viermal ist von der Gottesfurcht die Rede. «Nun, Herr Philosoph, ich glaube immer, du hast doch ein klein wenig Gottesfurcht!»[15] Darauf dieser: «Ich glaube, der Sache nach habe ich wohl etwas wie Gottesfurcht, indem ich Schicksal und Leben gegenüber keine Frechheit zu äussern fähig bin.»[16] Warum ausgerechnet «die stärksten Glaubenseiferer und Fanatiker gewöhnlich gar keine Gottesfurcht» haben, wird an dieser Stelle nur mit einem Hinweis begründet: «sonst würden sie nicht so leben und handeln, wie sie wirklich tun.»[17] Das ist dann ein Hauptgegenstand der im Folgenden erzählten Geschichte. Der herzugekommenen Enkelin Justine gegenüber bestätigt die Grossmutter an der vorliegenden Stelle: «Komm schnell herein, Kind! Eine Neuigkeit! Dein Mann hier hat ein bisschen ganz ordentliche Gottesfurcht, er hat es soeben mir selber gestanden!»[18] Angehörige der Universität Zürich horchen an dieser Stelle auf, ist doch auf dem Medaillon der Rektoratskette der Spruch Salomos eingraviert, wonach die Furcht des Herrn der Anfang der Weisheit des Menschen ist: TIMOR DOMINI INITIUM SAPIENTIAE.
In Feuerbachs vierter Vorlesung wird die *Furcht* als *Gefühl der Abhängigkeit* von dem, *ohne oder durch den ich nichts bin, der* es *in der Gewalt hat, mich* zu *ver-*

[14] G. Keller, *Briefe,* Bd. 1, S. 274f.
[15] G. Keller, *Das verlorne Lachen,* S. 34.
[16] Ebenda, S. 35.
[17] Ebenda, S. 35f.
[18] Ebenda, S. 36.

nichten, als *Todesfurcht*[19] gefasst. Die eigene Sterblichkeit ist der Grossmutter in ihrem Greisenalter so selbstverständlich, dass sie gottesfürchtig zu kosten vermag, was noch auf sie zukommt, wie es ihr gerade bekommt. So kann sie Jukundis Glauben teilen, es handle sich im Ganzen um *eine ungeheure Republik des Universums,* die allen *gemeinsam* sei, und er zitiert dabei das Wort des Evangeliums: *In meines Vaters Hause sind viele Wohnungen. «Amen!» sagte die Alte, die aufmerksam zugehört hatte.*[20]

Der Hausvater, der in der lutherischen Hausväterliteratur vorwiegend geistliche Züge trägt, auf diesem Hintergrund in Gotthelfs *Hans Joggeli der Erbvetter* aber auch weltlich verstanden werden kann, ist, durch die Schule Feuerbachs hindurchgegangen, in Kellers Seldwyla und dem Zürich der *Züricher Novellen* vollends verweltlicht, mit allen Unzulänglichkeiten und köstlichen Schnurrpfeifereien ausgestattet, die heutigen Lesern und Leserinnen vielleicht allzu harmlos erscheinen mögen, sofern sie kein Auge für die dämonische Schattenseite und höllischen Abgründe der Seldwylereien haben.

Darüber kann noch liebevolle Ironie, ja gründlicher Humor walten, wie ihn Max Wehrli in Wolframs *Parzival*[21] entdeckt hat. Und das ist dann wiederum ein gut christliches Erbe: die Selbstrelativierung, die ohne den Passionsgedanken kaum denkbar wäre. Kraft des Humors kann der frommen Grossmutter Jukundi Meyenthals herzhaftes Bekenntnis zum Weltganzen ein Zeugnis wahrhafter Gottersfurcht sein. Nicht so den zeitgenössischen Glaubenseiferern und fundamentalistischen Fanatikern, die lange Zeit die standesbewusste Gattin Justine Glor in den Bann ziehen. Sie selbst haben in Tat und Wahrheit keine Gottesfurcht, d.h. nicht die geringste Bereitschaft zur Selbstrelativierung.

Der republikanische Hausvater hat die Tyrannei der einzigen Wohnung, ja vielleicht gar eines separaten Gotteshauses neben all den andern Häusern, den weltlichen Gebäuden aufgehoben. Die Natur, das ganze Universum ist das Wohnhaus Gottes, eine Republik im wortwörtlichen Sinn: eine öffentliche, allen offenbare Angelegenheit.

«Lies nur fleissig in meiner Bibel, da wirst du für deine Republik schon noch einen Bürgermeister bekommen!»
«Wohl möglich», erwiderte Jukundus lachend, «dass zuweilen ein solcher gewählt wird und somit der Herrgott eine Art Wahlkönig ist!»

Die Alte lachte auch über diese Idee, indem sie rief: «So ein ordentlich angesehener Herr Weltammann! Wie sie da drüben Landammänner haben!» Sie deutete hiebei durch das offene Fenster nach dem Gebirge hinüber, wo in den alten Landrepubliken die obersten Amtleute so genannt wurden.[22]

[19] *GW* 6, S. 39.
[20] *Das verlorne Lachen,* S. 36.
[21] M. Wehrli, Wolframs Humor, S. 104ff.
[22] *Das verlorne Lachen,* S. 36.

Ist eine Art Wahlkönig noch ein König? Nein. Mit der demokratischen Wahl ist das Königtum abgeschafft. Kann also im Ernst noch von einem Herrgott die Rede sein? Herrgott nochmal! Es handelt sich ja nicht um die regelmässige Wiederwahl nach jeder Amtsperiode. Nicht nur könnte er einmal nicht wieder-, sondern geradezu abgewählt werden. Die Wahl selbst scheint erlässlich. Man mag sich höchstens fragen, wie es diesbezüglich mit einem Weltammann stehe.

Die Grossmutter spielt Jukundi Meyenthals Vorschlag hinüber zu den politischen Verhältnissen der Urschweiz, deren Erneuerung im *Fähnlein der sieben Aufrechten* dargestellt ist. Die Frage, wie Kellers Gottesbegriff zwischen Jukundus und der frommen Grossmutter oszilliere, scheint sich zu erübrigen. In ihrem herzhaften Einverständnis ist das Spiel reflektiert, das hier nicht nur von den beiden Erzählfiguren, sondern vom Erzähler selbst getrieben wird, und zwar nicht mehr im Namen Gottes, sondern mit dem Namen Gottes.[23]

Die Grossmutter lachte immer mehr darüber; denn da sie in ihrem hohen Alter allezeit an Gott und die Ewigkeit zu denken liebte, so war ihr auch das unschuldige Spiel mit dem Namen Gottes willkommen, um ihn zur Hand zu haben.[24] Nicht anders als die sonn- und feiertags aufgeschlagen daliegende Bibel, das Wort Gottes, dessen sie sich nach Belieben zu bedienen pflegte, wenn es ihr einfiel, wie man einen Krug Wein, eine Schüssel mit Kirschen oder anderen Näschereien an solchen Ruhetagen zur Erquickung bereit stehen lässt.[25]

In solchem Geniessen ist die Grossmutter gottselig. Im Sinn des Augustin-Zitats von Feuerbachs zehnter *Vorlesung* weilt sie *im Staate Gottes.* Sie geniesst ihres Herrn, um seiner selbst willen, wie auch eine ganz und gar irdische Köstlichkeit *die Alte* vom Berg *durch sich selbst ergötzt.* Im Unterschied zu Augustin ist ihr nämlich das *Irdische* nicht mehr nur *ein Gegenstand der Benützung, des Usus,* sondern wie *das Ewige, Gott (...) ein Gegenstand des Fruktus, des Genusses.* Ihr ist es kein *Widerspruch, dass der Mensch als Gott verehrt, was er verzehrt.*[26]

Noch einmal: Gibt Gottfried Keller u.a. als Erzähler des *Verlornen Lachens* seinen Glauben an Gott auf? Muss da überhaupt noch jemand über der Welt walten? Ja und nein. Das von Jukundus und seiner Frau Justine am Ende wiedergefundene Lachen, das schon zu Beginn der Novelle erlöste Lachen der Grossmutter kann durchaus als Glaubensheiterkeit verstanden werden, wie sie sogar ein Karl Barth für sich in Anspruch nahm. Die Grossmutter ist mit ihrem Lachen glaubensselig geworden. Und Jukundus? Kennt er nichts mehr, das über ihn und seine Welt hinaus geht?

[23] Zum Wort Gott vgl. L. Feuerbach, *GW* 6, S. 200.
[24] *Das verlorne Lachen,* S. 36.
[25] Ebenda, S. 33f.
[26] *GW* 6, S. 95.

Zugleich ist mir bei allem, was ich auch ungesehen und von andern ungewusst tue und denke, das Ganze der Welt gegenwärtig, das Gefühl, als ob zuletzt alle um alles wüssten und kein Mensch über eine wirkliche Verborgenheit seiner Gedanken und Handlungen verlügen oder seine Torheiten und Fehler nach Belieben totschweigen könnte.[27]

Das ist wohl Kellers radikalste Fassung der Republik des Universums, der Offenbarkeit als Offenbarung des Ganzen der Welt. Sie erinnert an die von Husserl begründete Phänomenologie, insbesondere an die Mitgegenwärtigkeit, die Appräsenz, weiterhin an die Intersubjektivität, kraft derer die Welt miteinander geteilt wird. Woran liegt es, dass es keine *wirkliche Verborgenheit* gibt, vielmehr die Tendenz, dass es an den Tag kommt, dass es die Sonne oder die Wahrheit an den Tag bringt? Wahrheit als Tochter der Zeit, mit Leonardo da Vinci zu sprechen. Im Grunde lässt sie sich nicht *totschweigen.* Für Feuerbach verkörpert sie sich in der Natur. Von ihr heisst es: *Die Natur versteckt sich nicht, sie dringt sich mit aller Gewalt und sozusagen Unverschämtheit dem Menschen auf.*[28]

6. Ein Exkurs in die Gegenwart: Ludwig Feuerbachs universales Philosophieren und die heutige Unhaltbarkeit einer Zweiteilung von Kultur und Zivilisation

Ludwig Feuerbach geht von der Einbildungskraft des Menschen aus, mit der dieser sich seine religiöse Welt gestaltet. Sodann erneuert er den Gedanken des Humanismus im Sinne einer zeitgemässen Anthropologie. Weiterhin wendet er sich von der Gattungsallgemeinheit Mensch dem Einzelnen zu und greift auch die Naturforschung seiner Zeit auf. Im Überblick stellt sich sein Philosophieren geradezu als universales Unterfangen auf dem Stand des Mitte 19. Jahrhundert Wissbaren heraus. Wie Feuerbach in den Vorlesungen mit seiner *Republik* des *Universums* der Natur unermüdlich gegen den abstrakt festgehaltenen *Einzelnsten,* den theistischen Gott zu Felde zieht, vollzieht Schelling in seiner *Philosophie der Mythologie* und der *Offenbarung* eine Universio des theogonischen Prozesses des *Urbewusstseins* hin zum *All-Einigen.*

Seither scheinen die *harten* Wissenschaften, Mathematik, die naturwissenschaftlich orientierte Forschung und Technik einerseits und die Schönen Künste und als weich geltenden Geisteswissenschaften andererseits in *zwei Kulturen,* ja in Kultur und Zivilisation auseinandergebrochen zu sein. Dem Musischen wird noch eine Kompensationsfunktion zugesprochen. Vielleicht aber heisst kompensieren auch ergänzen, zu einem Ganzen gelangen. In diesem Sinne könnten Hard Sciences geradezu auf das Gespräch mit

[27] *Das verlorne Lachen,* S. 35.
[28] *GW* 6, S. 145.

den Geisteswissenschaften, mit Literatur und Kunst angewiesen sein und umgekehrt.
Die faszinierende und zugleich abschreckende Globalisierung wäre im Sinne einer Universalisierung zu vertiefen. Das hiesse, in allem dem Einen zugewandt sein, wie dies F. W. J. Schelling entwickelt hat: als hochbetagter Nachfolger auf Hegels Lehrstuhl in Berlin, als merkwürdiges Relikt und Vollender *des deutschen Idealismus,*[29] der zugleich Vordenker des auf die Goethezeit und Hegels Epoche Folgenden war. Entsprechend geht Feuerbach von einem universalen Naturbegriff aus, auch wenn er sich dann entschieden den einzelnen zeitgenössischen Naturwissenschaften zuwendet. So hat er einen Dichter des Poetischen Realismus wie Gottfried Keller zu inspirieren vermocht.
Heute merken wir erst allmählich wieder mit einiger Deutlichkeit: Wir können nicht einerseits in der durch Kunst und Literatur und ihren Geisteswissenschaften gegründeten Kultur, andererseits in der durch Naturwissenschaft, Technologie und Technik ermöglichten Zivilisation leben.
Die Erwartung, dass heutzutage noch ein Einzelner wie Leonardo da Vinci Uomo universale zu sein hätte, oder dass einer wie Ludwig Feuerbach die Spannweite des Denkens von der Einbildungskraft in Bezug auf Religionsbildung bis zur zeitgenössischen Naturforschung umfassen sollte, hiesse den Bogen hoffnungslos überspannen. An die Stelle des grossen Einzelnen hat im Sinne Feuerbachs der Mitmensch zu treten. Im Du ist zu erkennen, was einem selber abgeht. Im Miteinandersein kann dem einen im Andern zuwachsen, was ihm selber mangelt.
Über Martin Bubers weltbekannte Schrift *Ich und Du* hinaus wäre an Karl Löwiths Buch über *Das Individuum in der Rolle des Mitmenschen* zu erinnern. Weiterhin an Husserls transzendentale Analysen der Fremdwahrnehmung. Insofern heute auch unter strengen Wissenschaftlern und Wissenschafterinnen eher von Intersubjektivität die Rede zu sein pflegt als geradezu von Objektivität, sind Husserls hoch differenzierte Unterscheidungen und letztlich wohl auch Feuerbachs Überlegungen zum Du längst in die Wissenschaftssprache eingegangen. Neben Intersubjektivität hat ein anderes Leitwort des späten Husserl Schule gemacht: Lebenswelt. Sie hat mit Feuerbachs Naturbegriff im Sinne eines radikalen Humanismus zu tun, von dem aus Karl Marx in den *Pariser Manuskripten* von 1844 einen Begriff des Kommunismus entwickelt hat, der, u.a. von Feuerbach angestiftet, noch nicht parteigebunden ist.
Ein solcher Gemeinsinn waltet in Gottfried Kellers Novelle *Das Fähnlein der sieben Aufrechten* und wird so im Sinne des späten Feuerbach politisch wirksam. Über alle Parteiungen hinweg haben sich die Schützen der verschiedenen Kantone zum ersten Geburtstag des neuen Bundesstaates von

[29] Vgl. W. Schulz, *Die Vollendung des deutschen Idealismus in der Spätphilosophie Schellings,* Pfullingen 1955.

1848 inmitten einer herrlichen Natur festfreudig zusammengefunden, nachdem sie noch im Sonderbundskrieg aufeinander geschossen hatten. Nicht nur die Schweizer Fahne, auch die *weissen Härlein* der *sieben Aufrechten* sind von der *lieblichen Ostluft,* vom selben Geist bewegt.

Die sieben alten Köpfe schwammen wie eine von der Sonne beschienene Eisscholle im dunklen Volksmeere, ihre weissen Härlein zitterten in der lieblichen Ostluft und weheten nach der gleichen Richtung wie hoch oben die rot und weisse Fahne.[30]

Der Geist weht bekanntlich, wo und wann er will. Es braucht an sich keine grosse Kunst der Interpretation, um an dieser Stelle eine Verleiblichung des Geistes im Sinne Feuerbachs zu erkennen. Und dessen Träger sind ausgerechnet die sieben älteren Handwerker, die ihre grosse Zeit hinter sich haben. Sie können sich schliesslich zum Entschluss durchringen, feierlich *Ende Feuer*[31] zu erklären und das Gewehr und alles, was dazu gehört, den Jungen zu überlassen. Das Zittern der in der Ostluft wehenden weissen Härlein reimt sich nicht auf Zagen, eher weiss auf weise.
Gottfried Kellers Verleiblichung, ja Naturalisierung im Sinne Feuerbachs vor Augen mag man sich die Frage stellen, inwiefern heutzutage davon die Rede sein könne, dass sich der Geist aus wohl verstandenen Geisteswissenschaften und im Anschluss daran die Seele aus der Psychologie, der Name Gottes aus der Theologie austreiben lasse.

7. Gottfried Keller über sein Verhältnis zu Ludwig Feuerbach

Ich liess mir Schritt für Schritt das Terrain abgewinnen. Ich übte im Anfange sogar eine Kritik aus über Feuerbachs Vorlesungen. Obgleich ich den Scharfsinn seiner Gedanken zugab, führte ich doch stets eine Parallele eigener Gedanken mit. Das hörte aber mit der fünften oder sechsten Stunde allmählig auf, und endlich fing ich an, selbst für ihn zu arbeiten. Einwürfe, die ich hegte, wurden richtig von ihm selbst aufs Tapet gebracht und oft auf eine Weise beseitigt, wie ich es vorausahnend schon selbst halb und halb getan hatte.[32]

Ein erster Schritt in Richtung von Schillers Gedicht, der Elegie *Teilung der Erde,* als lebensweltliche Entfaltung von Husserls Intersubjektivitätsbegriff verstanden, könnte heissen: Schritt für Schritt habe ich mir Terrain abgewinnen zu lassen – bzw. hat dies das in der Rolle des *Jupiter* bzw. als sein *getreuster Sohn* auftretendes Ich – und so schliesslich daran teilzunehmen, dass die Erde untereinander aufgeteilt wird, wie das Gottfried Keller in seinem Verhältnis zu Feuerbach bezeugt.

Ich habe aber auch noch keinen Menschen gesehen, der so frei von allem Schulstaub, von allem Schriftdünkel wäre, wie dieser Feuerbach. Er hat nichts als die Natur und

[30] *Das Fähnlein der Sieben Aufrechten,* S. 73.
[31] Ebenda.
[32] *Briefe* 1, S. 274f.

wieder die Natur, er ergreift sie mit allen seinen Fibern in ihrer ganzen Tiefe und lässt sich weder von Gott noch Teufel aus ihr herausreissen.[33]

Dieses persönliche Erlebnis fällt mit einer epochalen weltanschaulichen Zäsur zusammen. Im gleichen Brief zieht Keller denn auch die Folgerung:

> Für mich ist die Hauptfrage die: Wird die Welt, wird das Leben prosaischer und gemeiner nach Feuerbach? Bis jetzt muss ich des bestimmtesten antworten: Nein! im Gegenteil, es wird alles klarer, strenger, aber auch glühender, sinnlicher.[34]

In der Folgezeit schreibt Keller an seinem ersten Roman *Der grüne Heinrich.* Von Heidelberg aus ist er nach Berlin weiter gereist, weil er dort eine neue literarische Welt kennen lernen möchte. Am 27. März 1851 hören wir von ihm, wiederum in einem Brief an Baumgartner:

> Wie trivial erscheint mir gegenwärtig die Meinung, dass mit dem Aufgeben der sogenannten religiösen Ideen alle Poesie und erhöhte Stimmung aus der Welt verschwinde! Im Gegenteil! Die Welt ist mir unendlich schöner und tiefer geworden, das Leben ist wertvoller und intensiver, der Tod ernster, bedenklicher und fordert mich nun erst mit aller Macht auf, meine Aufgabe zu erfüllen und mein Bewusstsein zu reinigen und zu befriedigen, da ich keine Aussicht habe, das Versäumte in irgend einem Winkel der Welt nachzuholen. Es kommt nur darauf an, wie man die Sache auffasst.

Weiterhin:

> Indessen bin ich weit entfernt, intolerant zu sein und jeden, der an Gott und Unsterblichkeit glaubt, für einen kompletten Esel zu halten. (...) Es mag manchen geben, der die ganze Geschichte der Philosophie und selbst Feuerbach gründlicher studiert hat und versteht, wenigstens formell, als ich und doch ein eifriger Deist ist, sowie ich mehr als einen ehrlichen Handwerksmann kenne, der den Teufel was von Philosophie kennt und doch sagt: Gott ist tot![35]

8. Wie Gottfried Keller in Ludwig Feuerbach seinen Lehrer, ja seinen Meister gefunden hat und schliesslich als Dichter über ihn hinauswächst: Der Graf und Dortchen Schönfund im *Grünen Heinrich*

Wir prüfen in der gebotenen Kürze des weiteren die Auswirkungen Feuerbachs auf Kellers Tun und Lassen, auch in politischer Hinsicht, um am Schluss zur Frage zu gelangen, inwiefern er sich immer mehr von einem Feuerbachianer in den Dichter verwandelt, wie er sich von Grund aus versteht. Kraft seiner Begegnung mit Feuerbach und doch ganz eigenständig. Kurzum: Es zeichnet sich eine innere Aufarbeitung des Feuerbach-Erlebnisses ab, die zu einer neuen gereiften Distanznahme führt, in der Keller im freien Spiel seiner Einbildungskraft vielleicht gar über Feuerbachs Lehre hinaus den Lehrer verkörpern kann, der ihm ganz persönlich

[33] G. Keller, in: S. Rawidowicz, *Ludwig Feuerbachs Philosophie,* S. 374.

[34] *Briefe* 1, S. 274f.

[35] *Briefe* 1, S. 290f.

begegnet ist, wie ein Meister dem Lehrling, der über ihn hinauszuwachsen hat.

Im elften Kapitel des *Grünen Heinrich, Dortchen Schönfund* betitelt, wird uns über ihre Herkunft berichtet. Es ist ein Kapitel, so darf man sagen, das eine neue Form des Menschseins vorführt. Doch wie? Der Graf, einst liberaler Homo politicus, nun ein zurückgezogener Denker und Anhänger Feuerbachs, zeigt Heinrich die Dokumente seiner traditionsreichen Familie. Dann folgt Dorotheas Geständnis:

«Ich bin das richtigste Findelkind und heisse mit Namen Dortchen Schönfund und nicht anders, so hat mich mein lieber Pflegevater getauft.»[36]

Was wurde aus diesem Findelkind? Nicht umsonst heissen Findelkinder im Volksmund Kinder Gottes. Wenn kein Mensch mehr da ist, dem sie zugehören, sind sie unmittelbar Gott ausgeliefert. Wer immer sich ihrer annimmt, tut das an dessen Stelle. Auf der Strasse aufgelesen, in der Obhut des Grafen aufgewachsen, erscheint sie schliesslich der Natur entsprungen, einer unvergleichlich ehrwürdigeren Herkunft als das weit verzweigte gräfliche Adelsgeschlecht. Nicht anders hält sie es mit ihrer Zukunft. Sie braucht, aus Naturbedingung heraus, nicht an ein Jenseits, an eine Unsterblichkeit zu glauben. Ist sie doch selbst als Gottesgabe ein Dortchen: *«Ja, Dortchen ist nicht Hierchen!»*[37]

So sang der Star und foppte den sterblich unsterblich verliebten Heinrich. Nicht nur ihm bleibt sie bei allem Vertrautsein ein Dort, ihm unmittelbar nahe jenseits aller möglichen gesellschaftlichen Institutionalisierung. Sie verkörpert, mit Levinas zu sprechen, die Illeität, als ein Mensch, der ohne jeden Einfluss, *ganz auf eigene Faust nicht an die Unsterblichkeit glaubt, (...) auf ursprüngliche Weise,* sozusagen von Kindsbeinen an.[38] Der Graf ergänzt etwas später: Was er selber sich hart erarbeiten musste, durch Feuerbach, erwacht aus reiner Natur in Dortchen Schönfund. Wortwörtlich:

Das Licht der Sonne schien ihr tausendmal schöner als anderen Menschen, das Dasein aller Dinge wurde ihr heilig, und ebenso der Tod, den sie sehr ernsthaft nimmt, ohne ihn zu fürchten. Sie gewöhnte sich, zu jeder Stunde an ihn zu denken, mitten in der heiteren Freude und im Glücksgefühl, und dass wir nicht ohne allen Spass und für immer abscheiden müssen. Das ganze vorübergehende Dasein unserer Persönlichkeit und ihr Begegnen mit den anderen vergänglichen, belebten und unbelebten Dingen, unser aufblitzendes und verschwindendes Tanzen im Weltlichte hat für sie einen zarten leichten Anhauch bald von milder Trauer, bald von zierlicher Fröhlichkeit, welche den Druck der schwerfälligen Ansprüche des Einzelnen nicht aufkommen lässt, während das Gesamtwesen doch besteht.[39]

[36] *Der grüne Heinrich,* 2. Ausg., *SW* 6, S. 199.
[37] *Der grüne Heinrich,* 1. Fassung, *SW* 19, S. 285.
[38] *Der grüne Heinrich,* 2. Ausg., *SW* 6, S. 202.
[39] Ebenda, S. 204.

Das folgende Kapitel des *Grünen Heinrich* erweitert und vertieft dieses Bild unter dem Titel *Der gefrorne Christ.* Der Graf berichtet von der Entwicklung seines Denkens, und wieder taucht entscheidend im Hintergrund Ludwig Feuerbach auf:

Es ist mir ganz gleichgültig, ob Sie (gemeint ist Heinrich Lee) an den lieben Gott glauben oder nicht! Denn ich halte Sie für einen Menschen, bei welchem es nicht darauf ankommt, ob er den Grund seines Daseins und Bewusstseins ausser sich oder in sich verlegt, und wenn dem nicht so wäre, wenn ich denken müsste, Sie wären ein Anderer mit Gott und ein Anderer ohne Gott, so würde ich nicht das Vertrauen zu Ihnen hegen, das ich wirklich empfinde. Dies ist es auch, was diese Zeiten zu vollbringen und herbeizuführen haben: nämlich vollkommene Sicherheit von Recht und Ehre bei jedem Glauben und jeder Anschauung, und zwar nicht nur im Staatsgesetz, sondern auch in persönlichem vertraulichen Verhalten der Menschen zueinander.

So kommt er zum Schluss:

Es handelt sich nicht um Atheismus und Freigeisterei, um Frivolität, Zweifelsucht und Weltschmerz und welche Spitznamen man alles erfunden hat für kränkliche Dinge! Es handelt sich um das Recht, ruhig zu bleiben im Gemüt, was auch die Ergebnisse des Nachdenkens und des Forschens sein mögen. Übrigens geht der Mensch in die Schule alle Tage, und Keiner vermag mit Sicherheit vorauszusagen, was er am Abend seines Lebens glauben werde. Darum wollen wir die unbedingte Freiheit des Gewissens nach allen Seiten.[40]

Gottfried Keller betont kurz zuvor, dass der Graf geistig und zum Teil persönlich dem Verband von Männern angehört, die die begeisterte Aufnahme, die Rezeption des Philosophen förderten, wenn er auch nicht die Absicht und Hoffnung teilt, dass er zunächst die politische Freiheit unfehlbar bringen werde.
Im selben Kapitel des *Grünen Heinrich* bietet ein in die Diskussion gebrachtes Exemplar des *Cherubinischen Wandersmann* von Angelus Silesius Anlass, auf Ludwig Feuerbach zu verweisen. Der Graf blättert in dem Büchlein und stösst auf die bekannten Verse:

«Ich bin so gross als Gott, Er ist als ich so klein,
Er kann nicht über mich, ich unter Ihm nicht sein?»

Oder:

«Ich weiss, dass ohne mich Gott nicht ein Nun kann leben,
Werd ich zunicht, Er muss vor Not den Geist aufgeben.»

Der Graf sagt: *Glaubt man nicht, ihn* (Feuerbach) *zu hören, wenn wir die Verse lesen?*[41] In der ersten Ausgabe steht in diesem Zusammenhang: *Da ist Ludwig Feuerbach, (...) der bestrickende Vogel, der auf einem grünen Aste der Wildnis sitzt und mit seinem monotonen, tiefen und klassischen Gesang den Gott aus der Menschenbrust weg singt! Glaubt man nicht, ihn zu hören?*[42]

[40] Ebenda, S. 213f.
[41] Ebenda, S. 233.
[42] *Der grüne Heinrich,* 1. Fassung, *SW* 19, S. 267.

Gottfried Keller stimmt im Unterschied zu Feuerbach keinen *monotonen, tiefen und klassischen Gesang* an, nicht einmal, wenn er von Feuerbach spricht. Dann erst recht nicht; denn er hat ja nicht zuletzt durch ihn das Lachen wieder gefunden, das Feuerbach selbst noch abgeht. Die Natur ist zum *grünen Ast der Wildnis* geworden, auf dem Gottfried Keller selber seinen Sitz einnimmt, als *bestrickender Vogel,* wie er seinen Lehrer mit schelmischem Selbstbezug bezeichnet.

Der Vogelsang ist ein bildhafter Gemeinplatz für die Poesie, die sich auf den Flügeln der Einbildungskraft in die Lüfte schwingt. In diesem Sinn hat Gaston Bachelard in seiner Vier-Elementenlehre der Einbildungskraft mit der Himmelsluft den Vogelflug, das eindringliche Bild für die Selbstbewegung des Dichtens entwickelt.

Unverkennbar ist Kellers humoristische Selbstabgrenzung und Selbstrelativierung mit Bezug auf sein Vorbild Ludwig Feuerbach. Soll man einem Vogel trauen? Sein Gesang ist verzaubernd. Der alte, auf Platon zurückgehende Vorbehalt gegenüber den Lügenmärchen der Dichter, die kraft ihrem Gesang zu verführen vermögen, ist nun auch auf die Intonierung von Feuerbachs Philosophie übertragen. So monoton, so monologisch ernst diese vorgetragen werden mag, der tiefe, tief angestimmte und tiefgründige klassische, bereits als allgemeingültig anerkannte Gesang unternimmt nichts Geringeres, Abgründigeres und auch Gefährlicheres als *den Gott aus der Menschenbrust* wegzusingen. Vielleicht ist dafür der Gesang so göttlich wie köstlich zu nennen, im Sinne etwa der Glorschen Grossmutter vom Berg.

Gottfried Keller hat Feuerbachs Bezug zur Mystik klar bestimmt, und Dorotheas Schlussgesang in einer denkwürdigen Sitzung zeigt, dass die ihr Menschsein ohne alle Befangenheit lebende junge Frau die kirchliche Form der Tonalität *mit einem verliebt zitternden weltlichen Ausdruck ihrer Stimme*[43] durchbricht:

«Blüh auf, gefrorner Christ!
Der Mai ist vor der Tür,
Du bleibest ewig tot,
Blühst du nicht jetzt und hier!»

9. Wie revolutionär ist Feuerbachs Philosophieren und Kellers Dichten? Karls Festansprache und die *wunderliche Theologie* der *sieben Aufrechten*

Feuerbach selbst betrachtete seine Heidelberger Vorlesungen als einen gewichtigen Beitrag zur Revolution. Sie gaben ihm die Möglichkeit, eine Revolution besonderer Art in den Hirnen und Herzen der Menschen zu propagieren. *Erkenntnis der Religion zur Beförderung der menschlichen Freiheit, Selbst-*

[43] *Der grüne Heinrich,* 2. Ausg., *SW* 6, S. 236f.

tätigkeit, Liebe und Glückseligkeit sei das Ziel der Vorlesungen. Es gelte, die Voraussetzung zu schaffen, dass der Mensch *in Zukunft mit Bewusstsein sein eigenes, das menschliche Wesen zum Gesetz und Bestimmungsgrund, Ziel und Massstab seiner Moral und Politik macht.* Feuerbach drückt es noch anders aus. Er wolle die Menschen

> aus Gottesfreunden zu Menschenfreunden, aus Gläubigen zu Denkern, aus Betern zu Arbeitern, aus Kandidaten des Jenseits zu Studenten des Diesseits, aus Christen, welche ihrem eigenen Bekenntnis und Geständnis zufolge «halb Tier, halb Engel» sind, zu *Menschen*, zu *ganzen* Menschen machen.[44]

Gottfried Kellers Gott ist dank Feuerbach kein Gott der Theisten mehr, und schon gar nicht mehr einer der Jesuiten. Von den sieben Aufrechten heisst es im Fähnlein, als Kinder hätten sie noch den Untergang der alten Zeit gesehen und dann viele Jahre lang die Stürme und Geburtswehen der neuen Zeit erlebt, bis diese gegen das Ende der Vierzigerjahre sich abklärte und die Schweiz wieder zu Kraft und Einigkeit führte. Sie seien noch von einem unauslöschlichen Hass gegen alle Aristokratie erfüllt gewesen. Da kam zu dem Aristokratenhass noch derjenige gegen die «Pfaffen» hinzu, «ja nicht nur gegen Herren und Priester, sondern gegen ihresgleichen (...)»[45] Noch in der Vorbereitung der Festrede quälte sich der begüterte Zimmermeister Frymann, der das bittere Los gezogen hatte, die Festansprache zu halten, was ihm im Grunde seines Herzens zuwider war, mit *Donnerworten gegen Jesuiten und Aristokraten.* Ist das allenfalls auch als Bild eines in die Jahre gekommenen, politisch kämpferischen Feuerbach zu lesen? Seine Tochter Hermine urteilte untrüglich und doch mit allem Respekt ihrem Vater gegenüber,

> die Rede sei sehr kräftig, doch scheine ihr dieselbe etwas verspätet, da die Jesuiten und Aristokraten für einmal besiegt seien, und sie glaube, eine heitere und vergnügte Kundgebung wäre besser angebracht, da man zufrieden und glücklich sei.[46]

Dazu brauchte es aber einen Vertreter der jungen Generation, ausgerechnet Karl, den Sohn des Schustermeisters Hediger, der bei allem Stolz als Handwerker sich durchaus bewusst war, von den Sieben am wenigsten begütert zu sein. Zu allem Überfluss hatten sich Karl und Hermine verliebt. Und der Schusterssohn springt in die Lücke, nachdem Frymann selber eingesehen hatte, dass sein Entwurf überhaupt nicht mehr an der Zeit war – mindestens in der Schweiz – und den sieben tüchtigen Handwerkern, die so gar keine Maulhelden waren, unmittelbar *vor den Toren des Paradieses,* des paradiesisch anmutenden Schützenfestes nichts anderes übrig zu bleiben schien, als sich geschlagen zu geben und unverrichteter Dinge heimzuziehen.

[44] *GW* 6, S. 320.
[45] *Das Fähnlein der sieben Aufrechten,* S. 13.
[46] Ebenda, S. 55.

«So kehren wir in Gottes Namen um und fahren wieder heim!» sagte Hediger, welcher befürchtete, dass das Schicksal sich doch noch gegen ihn wenden könnte. Da trat Karl, welcher bislang unter der Türe gestanden, vor und sagte fröhlich: «Ihr Herren, gebt mir die Fahne! Ich trage sie und spreche für euch, ich mache mir nichts daraus!» Erstaunt sahen alle auf, und ein Strahl der Erlösung und Freude blitzte über alle Gesichter; nur der alte Hediger sagte streng: «Du? Wie kommst du hieher? Und wie willst du Gelbschnabel ohne Erfahrung für uns Alte reden?»[47]

Der Schusterssohn Karl, der rechte Mann zur rechten Zeit am rechten Ort. Nicht wie Schillers Tell ein Mann der Tat. Wohl aber der Rede, die nun doch so etwas wie eine dringlich erforderliche Tat war, soweit davon angesichts der glücklichen Feststunde die Rede sein kann. Die Alten können sich von einem Vertreter der jungen Generation helfen lassen, indem sie selber abzutreten bereit sind, an ihrem letzten Schützenfest das *«Ende Feuer!»* durchgeben.

So gelingt es ihnen, noch einmal hervorzutreten, und zwar in einer Art und Weise, wie es ihnen bisher wohl noch nie beschieden war. Sie haben in ihre eigene Endlichkeit, Sterblichkeit eingewilligt. Das sagt sich allzu leicht. Erst auf dem Hintergrund von Feuerbachs Vorlesungen erhält der Leser, die Leserin des *Fähnleins* eine Ahnung, worum es sich da handelt.

Karls Festansprache anlässlich der Überbringung des Fähnleins der sieben Aufrechten spielt ironisch humorvoll mit der Situation, seiner eigenen Rolle und der Würde der in die Jahre gekommenen Handwerker. Er vertraut in seiner Rede den Eidgenossen, seinen Mit-Eidgenossen in aller Öffentlichkeit an, was *diese alten Sünder* in der Stunde vaterländischer Notlage ganz sachte für sich zu erwägen beginnen und schliesslich einander anvertrauen. Das Crescendo ist sprechend: *an Gott* zu *glauben* anfangen, *ganz sachte.* Sie sind es nicht gewohnt. Sind sie doch alte Sünder. *Auf geistliche Dinge sind sie nicht wohl* zu *sprechen!* Weiterhin: *Spärlich sieht man einen von ihnen in der Kirche!* Schliesslich: *Sämtlich stehen sie nicht im Geruche besonderer Heiligkeit(...).*[48]

Alte Sünder! Als normale Sünder alt geworden, sind sie Vertreter des alten Adam, aber auch in Ehren alt geworden. *Schaut sie an, diese alten Sünder!* Karl würdigt die sieben Alten, indem er sie humoristisch an den Pranger, zur Schau stellt. Das ist mehr als der Exordialtopos der Humiliatio. Der Kontrast zum ersten Satz weist den zweiten als Untertreibung aus: *nicht im Geruche besonderer Heiligkeit!* Der Weihrauch, den die Kirche zu spenden vermag, ist bei ihnen nicht angekommen. Die Fortsetzung gibt zu verstehen, dass sie diesen Geruch selber nicht recht ausstehen mögen. Aber es braucht auch nicht die kategorische Ablehnung. Es heisst nicht: Niemals sieht man einen von ihnen in der Kirche.

Dieser Ausklang der Theologie entspricht merkwürdig genau dem neuen Einläuten in der Stunde der Not, und zwar der schlimmsten, der vaterlän-

[47] Ebenda, S. 59.

[48] Ebenda, S. 61.

dischen: *sooft das Vaterland in Gefahr ist, fangen sie ganz sachte an, an Gott zu glauben; erst jeder leis für sich(...).* Aus dem Tabernakel, der kirchlichen Verwaltung des Allerheiligsten, ist Mitmenschliches geworden, auch wenn es sich um den Glauben an Gott handelt, wie ihn zunächst jeder insgeheim für sich behält.

Dieses an Hölderlin erinnernde Anwachsenlassen des Rettenden in der Stunde der Gefahr geht behutsam vor sich, wie es dem Geheimnis Gottes entspricht, wie es die Handwerker aber vorerst auch noch für sich behalten, es bis zuletzt nicht dafür haben wollten, damit heraus- und vor die andern hinzutreten.

Der angedeutete Ausklang kirchlich orientierter Theologie entspricht dem neuen Glockenläuten, in Besinnung auf die Stunde der das Vaterland bedrohenden Not, sofern der Gewissensruf der sieben Aufrechten in Bezug auf ihr eigenes Ende und eines Tages auch des Gemeinwesens, in das sie sich so innig verflochten fühlen, mit dem Glockengeläut des wiedergefundenen Lachens der beiden Eheleute Jukundus und Justine in Zusammenhang gebracht werden darf.

Erst erwägts *jeder leis für sich, dann immer lauter, bis sich einer dem andern verrät und sie dann zusammen eine wunderliche Theologie treiben, deren erster und einziger Hauptsatz lautet: Hilf dir selbst, so hilft dir Gott!*

Der Satz reizt zum Widerspruch. Wenn ich mir selbst zu helfen weiss, braucht mir doch kein Gott zu helfen. An sich ist aber das Verb helfen auf jemand anderen bezogen. Ich helfe jemandem, der auf meine Hilfe angewiesen ist, und umgekehrt lasse ich mir von jemandem helfen, wenn ich selber nicht mehr machen kann, was für mich notwendig wäre.

Wenn nur noch Gott helfen kann, wie bei einem Findelkind, dem Kind Gottes, ist die Lage äusserst bedrängend. Offenbar ist zunächst niemand mehr zur Stelle, der zur Hilfeleistung fähig wäre. Wenn sich dann trotz allem mitmenschliches Eingreifen ereignet wie jenes des Grafen, tritt es geradezu an die Stelle Gottes. Das Findelkind kann zur Gottesgabe, zum Dortchen Schönfund werden. In diesem Zusammenhang mag man hellhörig werden für den Umstand, dass sich Gottfried Kellers grosser Zeitgenosse Albert Bitzius als Dichter ausgerechnet den Namen Gotthelf zulegte. Um sich selber von jemand anderem helfen zu lassen, brauchts eine gewisse Selbstüberwindung. Davon haben all jene Leute, die einen mit ihrem Helfersyndrom immer gleich unterstützen wollen, kaum eine Ahnung. Wie es aber möglich sein soll, sich selber zu helfen, das wird, genauer bedacht, immer schleierhafter. Vielleicht handelt es sich um ein Selbstverhältnis, bei dem Gott im Spiel ist. Dabei sagen wir ganz selbstverständlich, jemand wisse sich selber zu helfen.

Als Quelle der wunderlichen Theologie kommt der Schluss von Feuerbachs elfter Vorlesung in Betracht. Das Problem der Selbständigkeit und Abhängigkeit gegenüber Gott wird am Verhältnis zu den Eltern erläutert.

Allerdings hänge ich von meinen Eltern, meinen Voreltern usw. ab, allerdings bin ich nicht durch mich selbst in die Welt gesetzt (...); ich stehe allerdings auf den Schultern meiner Vorfahren, aber auch auf den Schultern derselben stehe ich doch noch auf meinen eigenen Beinen, bin also im wörtlichen, leibhaften Sinne selbständig. Kurz: *ich bin gezeugt, ich bin oder war abhängig von meinen Eltern; aber ich bin selbst auch Vater, selbst auch Mann,* erwachsen, den Kinderschuhen entwachsen. Feuerbach nennt die Bande, in denen ich nach der Vorstellung paternalistischer weltlicher und geistlicher Obrigkeit *meinen Geist (...) lassen* soll, zum Schluss polemisch Windeln, *die längst meine Füsse von sich gestossen haben.*[49]
Im Unterschied zu Gottfried Keller lässt Feuerbachs Selbstbewusstsein am Ende keine Abhängigkeit mehr zu: *Jetzt habe ich meinen Vater und meine Mutter nur an und in mir selbst, jetzt hilft mir kein anderes Wesen, kein Gott selbst, wenn ich mir selbst nicht helfe, ich stehe und falle durch eigene Kraft.*[50] So kommt Feuerbach kurz und bündig zum Schluss: *In der Religion ist der Mensch ein Kind,*[51] ein Kind Gottes. Gottfried Keller hält unpolemisch aufrecht, auch auf eigenen Beinen auf dem Boden zu stehen, d.h. durchaus im Sinne Feuerbachs auf der Erde: *Ich stehe nicht nur mit meinen Beinen auf der Erde, ich denke und fühle nur auf dem Standpunkt der Erde, nur in Gemässheit dieses Standpunktes, den die Erde im Universum einnimmt,*[52] der schon insofern selbständig genannt werden mag, als sie augenscheinlich ohne irgendeine Hängevorrichtung nicht herunterfällt. Religiöse Glaubenssätze und gar irgendwelche obrigkeitliche Verpflichtung stellen eine Zumutung dar. Dass ein Mensch oder gar der Staat nicht ohne religiösen Glauben bestehen könne, heisst glauben, dass die natürlichen Beine nicht zum Stehen und Gehen hinreichend sind, dass der Mensch nur auf Stelzen gehen und stehen könne.[53] Diese Erfahrung musste Justine Glor im Widerstreit mit ihrem Gatten Jukundus bis zu den schlimmsten Abgründen und Auswüchsen machen. Für das Zusammenleben in der Ehe und schliesslich im Staat gilt für Gottfried Keller der Leitsatz von Ludwig Feuerbach: *Die wahre Freiheit ist nur da, wo der Mensch auch religiös frei ist. (...) Der Staat macht nicht die Menschen, sondern die Menschen machen den Staat. Wie die Menschen, so der Staat*[54] und erst recht die Religion.
Schliesslich vermögen sich die beiden Eheleute wieder lachend zu versöhnen. Die Bedingung war, dass die Fabrikantentochter das schlimme Schimpfwort *Lumpazi* wiederholte, das sich zu Vagabundus ergänzen lässt. Der Taugenichts ist der Schatten des frohgemuten Festschweizers und Seldwylers Jukundus. Er *klopfte ihr sachte auf die Wangen, suchte ihr den Mund*

[49] *GW* 6, S. 114.
[50] Ebenda.
[51] Ebenda, S. 234.
[52] Ebenda, S. 107, vgl. S. 102.
[53] Ebenda, S. 340.
[54] Ebenda, S. 244.

aufzumachen und sagte immer: «Schnell! heraus mit der Sprache, rühre dein Zünglein!» bis sie voll Zärtlichkeit und Scherz das Wort rasch, aber fast unhörbar hersagte: Lumpazi! worauf Jukundus sie küsste.[55]

Fortan vermögen sie einander wieder förderlich zu sein, wie es unter Mitmenschen, v.a. unter Freunden üblich ist. Einer hilft dem andern in einer Weise, die ihm liegt, und in einer Sache, die er oder sie einigermassen beherrscht. Umgekehrt bin ich auch bereit, mir helfen zu lassen in einer Angelegenheit, in der ich nicht mehr ein und aus weiss. Wozu ich begabt bin, das teile ich, indem ich so weit als tunlich bereit bin, andern zu helfen, diesen gleichsam als meine Gabe, mein Mitbringsel, meine Mitgift mit. Miteinandersein. Einer ist der andern, was die andere dem einen, jeder und jede auf seine, auf ihre Weise. Ist der Rollenwechsel von helfen und sich helfen lassen nicht mit Red und Gegenrede, mit Wort und Antwort in jedem einigermassen gelingenden Gespräch im Spiel? Kurz und gut: das Du, das Miteinandersein lässt sich von Feuerbach her als Konkretisierung Husserlscher Intersubjektivität verstehen.

Maria Montessoris allbekannter Kernsatz der Pädagogik ist eine vortreffliche Auslegung von Gottfried Kellers wunderlicher Theologie. Inwiefern ein Wirkungszusammenhang festzustellen wäre, bleibe dahingestellt. Die Abwandlung des Leitsatzes der sieben Aufrechten wird einem Kind, wer immer es sein mag, in den Mund gelegt: *Hilf mir, dass ich es selber machen kann!* (Ein locus classicus, der unter Pädagogen nicht mehr nachgewiesen zu werden braucht.)

Ein durchaus christlich motivierter herzhafter Vorschlag zu einer Pädagogik ohne Bevormundung der Heranwachsenden. Schliesslich sollen erwachsen Gewordene auch Gott gegenüber mündig werden: Wenn zwei oder drei in seinem Namen beisammen sind und einander helfen, wo sie nur können, oder einfach einander behilflich sind, wenns die Situation erfordert. Das muss allerdings nicht geradezu im Namen Gottes geschehen. Je selbstverständlicher ein solches Wechselverhältnis ist, umso köstlicher und göttlicher.

Hilf dir selbst! Die Aufforderung bleibt ein Paradox, auch wenn die Selbsthilfe als Leitsatz der Entwicklungshilfe längst zum Schlagwort geworden ist, auf das kaum jemand mehr hört: Hilfe zur Selbsthilfe!

Bereit sein, einem andern zu helfen, sich selber von einer andern helfen zu lassen. In der neuen Rechtschreiberegelung ist für die Schreibung des Anderen weiterhin der grosse Anfangsbuchstabe erlaubt, gleichsam als philosophische Majuskel. Dies führt geradewegs zum Ursprung der Gross- und Kleinschreibung. Wenn Gott nicht genannt, sondern mit einem Pronomen, einem grammatikalischen Stellvertreter angesprochen wird, trat die Grossschreibung ein, v.a. im Gefolge Martin Luthers. Was sich dann auf die Haupt- und Staatswörter übertragen hat. Nomen kann in der Schweiz im-

[55] *Das verlorne Lachen*, S. 97.

mer noch Hauptwort heissen. Vorläufig noch Grund genug, es gross zu schreiben.
Der kurze Sinn dieser Betrachtung in Sachen Gross- und Kleinschreibung: Der Zuspruch: Habe Mut, dir selbst zu helfen, mit Kant z.B. frei nach Horaz deinen eigenen Verstand zu gebrauchen, tritt hier in einen höchst merkwürdigen Glaubenszusammenhang. Hilf dem Andern, dem Nächsten, wer immer dies sei. So ist Dir selbst geholfen. Wie weit dabei der Name Gott mitzuspielen hat, dürfte wohl im Sinne des Grafen und erst recht seiner Ziehtochter Dortchen Schönfund dahin gestellt bleiben.
Nicht nur in der Stunde der Not, der höchsten, der vaterländischen Not. *Auch an Freudentagen, wie der heutige, wo viel Volks beisammen ist und es lacht ein recht blauer Himmel darüber, verfallen sie wiederum in diese theologischen Gedanken, und sie bilden sich dann ein, der liebe Gott habe das Schweizerpanier herausgehängt am hohen Himmel und das schöne Wetter extra für uns gemacht!*[56] Der erfüllte Wunsch ist gut Feuerbachsch geradewegs eine Erfüllung der Zweckmässigkeit der Natur.
Die sieben Aufrechten bilden sich ein, der Himmel lache ihretwegen, und lachen dabei über sich selbst. Humor ist die Kellersche Spielform des augustinisch Feuerbachschen Genusses eines Dings um seiner selbst willen und schliesslich des Selbstgenusses. So mündet das wiedergefundene Lachen der beiden Eheleute Jukundus und Justine in das Glockengeläut der Kirchen, wie es über Land zu hören ist, während z.B. ein Brechtscher Galilei als Physiker nur das Lachen für sich in Anspruch nehmen und das grosse Glockenläuten den Theologen überlassen will. So kann auch ein Jukundus Meyenthal als Festmeier, als Fahnenführer auftreten und seine Justine anlachen, die beide zusammengehörigen, mit ihrem Lachen vor Gott und Menschen angenehm sind. Nicht umsonst erinnert schon der Name Jukundus an Lessings Ringparabel. Im vaterländischen Fest sich, einander und schliesslich Gott und die Welt angenehm finden und so selber angenehm werden, das scheint kein Kunststück zu sein, wenn auch eine allenthalb bewunderte Begabung. Von Jukundus im Besonderen heisst es:

> Als er nun sein Lied geendet, schaute er lächelnd zurück, und man sah das schöne Gesicht in vollem Glücke strahlen, das ihm jeder gönnte, da ein eigentümlich angenehmes Lachen, wenn es sich zeigte, jeden für ihn gewann.[57]

Das offensichtliche Glück eines andern kann einen neidisch machen. Indem jener aber im ansteckenden Lachen die Glückseligkeit mitteilt, geradezu verschenkt, gewinnt er die andern für sich. Nichts Geringeres scheint in seinem und sodann im Antlitz der beiden, die so offensichtlich zusammenzugehören scheinen, zum Vorschein zu kommen als das von Feuerbach zitierte Urteil des Schöpfers am siebenten Tag über sein vollbrachtes Werk:

[56] Ebenda, S. 61.
[57] Ebenda S. 4.

Und siehe da, es war sehr gut.[58] Der Kern ist die Selbstbejahung, die Feuerbach geradezu provokativ unter den Titel des Egoismus stellt und das im Verhältnis zu den Mitmenschen aufs Ganze ausstrahlt. *Selbsterhaltungstrieb, Lebensliebe, Selbstliebe, Glückseligkeitstrieb* sind die Leitworte von Gottfried Kellers Lehrmeister.[59]
Die Novelle erzählt, wie den beiden das Lachen gründlich vergeht. Aber es ist nicht endgültig verloren. Durch den sprichwörtlichen Ernst des Lebens, die äusserste Gefährdung, das Zerwürfnis der beiden Eheleute hindurch ist es schliesslich wieder gewonnen. Es handelt sich um die Grund-Annahme seiner selbst in Übereinstimmung mit der Welt und mit Gott, vorerst ganz selbstverständlich im Fest und am Ende trotz allem, was durchzustehen war. Im Lachen tritt dies angenehm in Erscheinung, wirkt es ansteckend. Vergleichbar ist in Feuerbachs vierzehnter Vorlesung die Aussage:

Was nämlich der Mensch die Zweckmässigkeit der Natur nennt und als solche auffasst, das ist in Wirklichkeit nichts andres als die Einheit der Welt, die Harmonie der Ursache und Wirkung, der Zusammenhang überhaupt, in dem alles in der Natur ist und wirkt.[60]

Anderseits ist dieses spröde Nennen des Menschen auch ganz und gar nicht zu vergleichen mit dem lachenden Einverständnis des Fähnrichs Jukundi Meyenthal, wie es besonders schön im Zusammenspiel mit Justine Glor zum Vorschein kam, einer der

Jungfrauen, auserwählt, die Kränze an die gekrönten Sängerfahnen zu binden.[61]

Aller Augen hafteten an ihr, als sie sich erhob und den ersten Kranz ergriff, welcher soeben den Seldwylern unter Trompeten- und Paukenschall zugesprochen worden war. Zugleich sah man aber auch den Jukundus, der unversehens mit seiner Fahne vor ihr stand und in frohem Glücke lachte. Da strahlte wie ein Widerschein das gleiche schöne Lachen, wie es ihm eigen, vom Gesichte der Kranzspenderin, und es zeigte sich, dass beide Wesen aus der gleichen Heimat stammten, aus welche die mit diesem Lachen Begabten kommen. Da jedes von ihnen sich seiner Eigenschaft wohl mehr oder weniger bewusst war und sie nun am andern sah, auch das Volk umher die Erscheinung überrascht wahrnahm, so erröteten beide, nicht ohne sich wiederholt anzublicken, während der Kranz angeheftet wurde.[62]

Die Ablösung der Kirche mit ihrem Tabernakel durch den neuen Bund, der als Festgemeinde der Eidgenossen Wirklichkeit wird, lässt im Rückblick auf die elfte Feuerbach-Vorlesung den Gedanken aufkommen: Wären die Sieben nicht Handwerker, sondern Intellektuelle, der junge Sprecher Karl liesse sich als eine Gestalt Gottfried Kellers verstehen, die all das, wofür Feuerbach gestritten, als gelungene Gegenwart zu feiern vermag. Vielleicht können sie das als tüchtige Handwerker erst recht. Als Selbständig-

[58] *GW* 6, S. 194.
[59] Ebenda, S. 227.
[60] Ebenda, S. 143.
[61] *Das verlorne Lachen,* S. 6.
[62] Ebenda, S. 7.

erwerbende verkörpern sie Feuerbachs Auffassung, dass es bei all dem, was ich im Sinn habe, nicht bei der Vorstellung oder dem Gedanken bleiben soll, dass ich es *vielmehr vermittelst der Handwerkzeuge meines Körpers realisiere, d.h. verwirkliche.*[63]

Das kann wohl kurz und gut Wunscherfüllung von Feuerbachs Glückseligkeitstrieb heissen. Sie wird auch bei Keller gründlich enttäuscht, heisst doch die Novelle *Das verlorne Lachen.* Den weitaus grössten Teil der Erzählung nimmt das kirchlich ideologisch bedingte Zerwürfnis der beiden zu Beginn einander so herzhaft anlachenden Eheleute in Anspruch. Nicht umsonst figuriert das gute Ende, die Versöhnung nicht im Titel. Das wiedergewonnene Lachen ist alles anderes als ein obligates Happy End. Es hätte auch ganz anders herauskommen können. Bei aller geradezu programmatischen Enttäuschung und durch sie hindurch hat allerdings auch für Feuerbach der Glückseligkeitstrieb den Vorrang. Für den durch die Zürcher Staatsgeschäfte ernüchterten Staatsschreiber Gottfried Keller gilt das schliesslich nur noch sehr bedingt. Er ist im Alter brummig geworden und hat in der ihm benachbarten *Oepfelchammer* eine tiefe, geradezu melancholische Sorge um die voranschreitende Ökonomisierung aller politischen Belange in manchem Rausch zu ertränken versucht.

Mit dem Kampf gegen die Jesuiterei haben die Sieben zur Entstehung des neuen Bundesstaates das Ihre beigetragen. Mit ihrer Teilnahme am Fest bekunden sie ihre Liebe zur neu gegründeten Gegenwart des Vaterlands. Als in Ehren alt Gewordene denken sie sinnvollerweise an die Stunde des Todes. Sie treten jetzt noch einmal mit ihrem Fähnlein hervor, bereits aber angeführt durch einen Vertreter der folgenden Generation.

Dass anlässlich der Feier des neuen Anfangs im Vaterland auch dessen notwendiges Ende bedacht wird, ist durchaus im Sinne Feuerbachs zu verstehen:

> Die Natur hat keinen Anfang und kein Ende. Alles in ihr steht in Wechselwirkung; alles ist relativ, alles zugleich Wirkung und Ursache; alles ist in ihr allseitig und gegenseitig; sie läuft in keine monarchische Spitze aus, sie ist – wir hörten es bereits – eine Republik.[64]

Alles, was zum Vorschein kommt, gelangt innerhalb der Natur zur Gegenwart, zu seinem Anfangen und Enden. Die Natur ist für Feuerbach das A und O. Und in der glücklichen Stunde, der festlichen Gegenwart, wie sie im *Fähnlein* zur Darstellung kommt, wird alle Ursache auch Wirkung, in einem Augenblick der Wechselwirkung, wie lang auch immer das Schützenfest gedauert haben mag. Darüber wölbt sich nicht irgendein Festzelt, sondern der offene Himmel. Dabei ist es nicht windstill. Die spärlichen Härchen der sieben Aufrechten bewegen sich im Luftzug, der von Osten kommt.

[63] Vgl. *GW* 6, S. 154.
[64] Ebenda, S. 115.

Selbst das religiöse überirdische und übermenschliche Wesen verdankt seinen Ursprung nur dem sinnlichen optischen Über-uns-Sein des Himmels und der Himmelskörper.[65]

Das Fest unter freiem Himmel erwirkt eine Ineinsbildung der Lufthülle über der Erde mit dem allerhöchsten Ort, über dem es, redundant gesprochen, keinen andern mehr gibt.

Die Güte Gottes ist nur die durch die Phantasie, die Poesie des Affekts veredelte, nur die personifizierte, als eine besondere Eigenschaft oder Wesenheit verselbständigte, nur die in tätiger Form ausgedrückte und aufgefasste Nützlichkeit und Geniessbarkeit der Natur.[66]

Dieses gehäufte *nur,* das oft geradezu penetrant in der verstärkten Form *nichts anderes als* auftritt: Ausdruck angestrengten Festhaltens des Irdischen, damit es ja nicht in irgendeine Form des Überirdischen entweicht, fällt in der Gelassenheit, ja Selbstgenügsamkeit insbesondere der Festgestalten, wie sie Gottfried Kellers Einbildungskraft entspringen, aus Abschied und Traktanden. Er vermag in seinen leuchtendsten Figuren weltfromm zu sein, Gott von Weltlichkeit strahlen zu lassen, derart, dass *fromm* wieder ohne weiteres auch nützlich heisst, wie das vor der Reformation der Fall war.
Karls Rede anlässlich der feierlichen Übergabe des Fähnleins der sieben Aufrechten kann weitgehend mit Feuerbachstellen belegt werden. Und doch ist das, was Keller schreibt, etwas anderes geworden. Die Aufdeckung, die Entlarvung, die Feuerbach vornimmt, wonach alles, was über Mensch und Natur hinauszugehen scheint, nur Einbildung des Menschen ist und im Grund mit der Natur des Menschen selbst und mit der Natur, in der er eingebettet ist, erklärt werden muss: all das wird in Gottfried Kellers Einbildungskraft zur schönsten Dichtung, in der auch die fromme, in ihrem hohen Alter gottselige Grossmutter der Novelle *Das verlorne Lachen* ganz selbstverständlich Platz findet.

10. Fazit und Ausblick: Feuerbach und Keller – Gott und Natur

Die revolutionäre Wendung, die sich Mitte des 19. Jahrhunderts abzeichnet, bringt eine Fülle von Anstössen aus Kopf und Feder der damals geistig Führenden. Sie sind nicht der etablierten Staatlichkeit verpflichtet. Gottfried Keller macht seinen Versuch mit dem Staat als Staatsschreiber des Zürcher Standes. Er hält aber auch seine bittere Enttäuschung nicht verborgen, wie das Spätwerk *Martin Salander* erschütternd belegt.
Ludwig Feuerbach hofft weiterhin auf seine ihm volle Anerkennung bringende grosse Zeit und sieht die an politischer Mächtigkeit gewinnende Sozialdemokratie als Vorbotin. Beide, Feuerbach und Keller, richten den

[65] Ebenda, S. 122f.
[66] Ebenda, S. 126.

Blick nach vorn. Für beide ist definitive Resignation, wie sie die gescheiterte Revolution von 1848 auslöste, kein Weg.
Es sei denn, man beziehe die Jahrzahl auf die trotz allem hoffnungsvolle Gründung des schweizerischen Bundesstaats, die allerdings wenige Jahre später nach Kellers Dafürhalten bereits in einem rücksichtslosen Merkantilismus zunichte zu werden drohte. Wollte man Kellers und Feuerbachs letztes Wort in ihrer Zeit umreissen, so könnte man vielleicht trotz allem von einer gewissen Zuversicht auf ein neuartiges, religiös durchdrungenes Leben sprechen.
Religion im Sinne von Feuerbachschem Philosophieren und Kellers Dichten beruht nicht auf dem Intellekt, sondern auf dem in der Natur des Menschen wurzelnden Trieb nach Leben, das sich selbst und v.a. dem Nächsten helfen, ihn erfreuen möchte. Im Gegensatz zum Verstand, der die Dinge objektiv zu erfassen sucht, ist die Einbildungskraft die subjektive, von Herzensbedürfnissen und Wünschen des Menschen bestimmte Intelligenz: *Der Spiegel der Welt, wie sie dem Wunsche des Menschen entspricht.*[67]
Einbildungskraft bzw. Phantasie und der Trieb zu leben und glücklich zu sein, verbinden sich in aktuellen Volllzügen und wirken in einer Art und Weise zusammen, dass man im Sinne von Friedrich Wilhelm Joseph Schelling geradezu von einem theogonischen Prozess des Urbewusstseins sprechen könnte. Von da aus wäre zu entwickeln, wie das letzte und noch wenig rezipierte Werk, die *Theogonie,* Feuerbachs Philosophieren zusammenfassend auf einen heute aktuellen Nenner bringt.
Feuerbach steht gegen den monotheistischen Gott für die Natur. Er analysiert die Naturreligion und findet den Wurzelgrund allen religiösen Erlebens und Verhaltens im Gefühl der Abhängigkeit und im Lebensdrang des Egoismus. Über dieses Ergebnis gelangt er im Sinne eines Zwischenschrittes zu einer demokratischen Haltung, wonach alles, was ist, seinen je individuellen Stellenwert hat. Der das Kollektive konstituierende Theos monos, welcher zwingt, das Individuelle zu egalisieren, wird abgewehrt in der Fülle der Analysen, die Feuerbach vorlegt.
Keller hat die Natur erreicht und errichtet sein dichterisches Werk auf der integrierten Anerkennung des Einzelnen als das Natur in ihrer Fülle ermöglichende Element. Die dichterische Einbildungskraft initiiert diesen Schritt, den der Philosoph noch nicht tun kann, so dass er Programm bleibt: den Schritt zu einem Menschentum, welches aus der Natur hervorgeht, die Natur stets in sich trägt und bewahrt und ohne Furcht an den Tod denkt. Dortchen Schönfund wird zum Exempel des von Feuerbach erhofften und erkämpften Menschenbilds, doch mit dem Unterschied, dass der Wall des Religiösen, den der Philosoph erst einmal wegdenken musste, keine Rolle mehr spielt.

[67] *GW* 8, S. 329.

Der in Kellerscher Dichtung herausgebildete Mensch erfüllt also, was der Philosoph als sein Ziel postuliert. Insofern ist Keller ein echter Feuerbachianer, der in die innerreligiösen Bezüge hineinleuchtet und den religiös metaphysischen Ballast aufhebt, den leichten Humor und die ganze Menschlichkeit ergänzt. Der Narr des Grafen von Zimmern wird hier zum Modell.[68]

Feuerbach und Keller operieren am selben Thema; der Philosoph hat es vertieft bis in die Theogonie, der Dichter hat es realisiert in seiner Einbildungskraft.

Der Unterschied dieser beiden Ergebnisse muss angesprochen werden: Der Philosoph steht mit dem Rücken zur Tradition. Er hat seine Auseinandersetzung mit derselben geleistet und achtet darauf, dass keine Lücken bleiben, die ein metaphysisches Bild hinüberwandern liessen in die Zukunft, für die er seine Zeit einer kritischen Theorie der Religion anbrechen sieht. Der Dichter hat keine Kritik dieser Art zu leisten, Feuerbach hat sie ihm vorweggenommen. Die Metaphysik wird kein Thema mehr sein, die Natur ist in ihr volles Recht eingesetzt. Der neue Mensch findet seine Charakteristika aus Fleisch und Blut in einer staatlichen Gemeinschaft, die sich eben erst gebildet hatte, 1848/1849, wie Gottfried Keller im *Fähnlein der sieben Aufrechten* darstellt.

Es müsste weiterhin geklärt werden, welche Bewegungen der sich anschliessenden Geschichte der Eidgenossenschaft dazu führen, dass Keller resignativ den Spätroman *Martin Salander* schreibt, dem das positive Menschenbild wohl immer noch innewohnt, aber nach schwerster Enttäuschung wie herbeigezwungen wirkt.

[68] *SW* 2/1, S. 174.

L. Feuerbach und G. Keller. Hinweis auf benutzte Literatur

Die Autoren
L. Feuerbach, Das Wesen des Christentums, in: *Gesammelte Werke (GW)* 5 (W. Schuffenhauer), Berlin 1973
Derselbe, Vorlesungen über das Wesen der Religion, in *GW* 6 (W. Schuffenhauer), Berlin 1967
Derselbe, Frühe Schriften, Kritiken und Reflexionen (1828-1834), in *GW* 1 (Vorwort v. W. Schuffenhauer) , Berlin 2000, 2. Aufl.
G. Keller, *Sämtliche Werke (SW),* Bd. 1-22, Zürich, Bern 1926-1949
Derselbe, *Das Fähnlein der sieben Aufrechten,* Reclam Univ. Bibl. 6184, Stuttgart 1969
Derselbe, *Das verlorne Lachen,* Reclam Univ. Bibl. 6178, Stuttgart 1970
Derselbe, *Gesammelte Briefe in 4 Bänden (Briefe),* Bern 1950-1953

Sekundärliteratur:
H. Barth, *Ludwig Feuerbach,* Vortrag am Herbstbott der Gottfried Keller Gesellschaft, Zürich 1947
M. Buber, *Dialogisches Leben,* Zürich 1947, darin: *Ich und Du,* S. 13-128
H. Hüsser. *Natur ohne Gott. Aspekte und Probleme von Ludwig Feuerbachs Naturverständnis,* Würzburg 1992
G. Kaiser, Inkarnation und Altarsakrament. Ein nichtchristliches Gedicht über die Messe und was es Christliches sagt. Zu Gottfried Kellers «Der Narr des Grafen von Zimmern», in: *Zeitschrift für Theologie und Kirche* 94 (1997), S. 253-262
K. Löwith, *Das Individuum in der Rolle des Mitmenschen,* Darmstadt 1961
H. Meier, *«Grüner Heinrich», Betrachtungen zum Roman des poetischen Realismus,* Zürich und München 1977
S. Rawidowicz, *Ludwig Feuerbachs Philosophie. Ursprung und Schicksal,* Berlin 1964, 2. Aufl.
F. W. J. Schelling, *Philosophie der Mythologie,* 2 Bde., Darmstadt 1966
Th. A. Scherrer, *Thema und Funktion der Literatur in Gottfried Kellers Prosawerken,* Diss. phil. I, Zürich 1978
W. Schulz, *Die Vollendung des deutschen Idealismus in der Spätphilosophie Schellings,* Pfullingen 1955
F. Tomasoni, *Ludwig Feuerbach und die nicht-menschliche Natur,* Stuttgart-Bad Cannstatt 1990
M. Wehrli, Wolframs Humor, in: *Wolfram von Eschenbach,,* Darmstadt 1996, S. 104ff.
K. Wenger, *Gottfried Kellers Auseinandersetzung mit dem Christentum,* Bern 1971

Zur aktuellen Bedeutung des junghegelianischen Programms zur Verwirklichung der Philosophie

Ursula Reitemeyer

Ich möchte diesen Vortrag mit einer Arbeitsthese beginnen, deren inhaltliche Durchformung am Ende Auskunft geben soll über die aktuelle Bedeutung der kritischen Position des Junghegelianismus gegenüber der vom Zeitgeist vermachteten philosophischen Spekulation in der gegenwärtigen gesellschaftlichen Umbruchphase. Diese ist nämlich durchaus zu vergleichen mit dem gesellschaftlichen und politischen Umbruch, den die Industrielle Revolution im 19. Jahrhundert in Europa ausgelöst hat.
Die These lautet: Insofern der Junghegelianismus, als deren herausragendste Vertreter Ludwig Feuerbach und Karl Marx zu bezeichnen sind, das Programm der praktischen Philosophie der Aufklärung fortschreibt, bricht er notwendig mit der Tradition abstrakten spekulativen Philosophierens und stellt sich damit in die Tradition der philosophischen Skepsis.[1] Diese verteidigte ihr Terrain bis tief ins 20. Jahrhundert, droht aber im Übergang zum 21. Jahrhundert durch den Rundumschlag macht-demaskierender Dekonstruktion im «Karneval der Geschichte»[2] zu verschwinden. Mit Foucault liesse sich sagen, dass das Possenspiel klanglos zu Ende gegangen ist. Ihre Akteure finden nicht einmal hinter dem Vorhang zu einem Epilog zusammen.
Geht es also darum, den Anspruch praktischer Philosophie am Beispiel des Junghegelianismus nachzuzeichnen, bedeutet dies zugleich, den Geltungsanspruch der philosophischen Kritik und Skepsis neu zu begründen. Diese Skepsis versucht nämlich der Dekonstruktion das Wasser abzuschöpfen, indem sie, alle Metaphysik ersetzend, sich selbst als ultimatives Letztbegründungsverfahren zum Erfassen aller Wirklichkeit – der inneren wie der äusseren – anbietet. Demgegenüber gilt es, allein um den Auflösungsprozess der traditionalen Lohnarbeitsgesellschaft reflexiv durchdringen zu können statt ihn in barbarischer Naturwüchsigkeit sich selbst zu überlassen, den Zusammenhang von Wissenschaftskritik, Gesellschaftsanalyse,

[1] Vgl. U. Reitemeyer, Ludwig Feuerbachs skeptische Distanz zur Welt, in: W. Jaeschke (Hg.), *Sinnlichkeit und Rationalität,* Berlin 1992.

[2] M. Foucault, Nietzsche, die Genealogie und die Historie (1971), in: *Von der Subversion des Wissens,* Frankfurt 1996, 2. Auflage.

Geschichtslogik und regulativen Gesellschaftsentwürfen als Programm der praktischen Philosophie auszuweisen. Dessen Verwirklichung ist in weitere Ferne gerückt, als es etwa einem Kant schien, mit dem die Junghegelianer durch alle Skepsis hindurch immerhin das Pathos teilen, die Menschheit durch die Geschichte hindurch auf den Weg humanitärer weltgesellschaftlicher Praxis zu führen.
In einem ersten Schritt werde ich zu zeigen versuchen, wie Feuerbach und Marx das System der spekulativen Philosophie Hegels dadurch sprengen, dass sie ein Programm praktisch politischer Philosophie schreiben, dessen Wurzeln bis zu den Anfängen abendländischer Philosophie zurückreichen. In einem zweiten Schritt wird die Besonderheit des junghegelianischen Programms zur Verwirklichung der Philosophie herausgearbeitet, die sich ebenso in plakativen Begriffen wie Anthropologie und Materialismus niederschlägt, wie auch in den weniger auffälligen Begriffen «Realismus» und «Humanismus».[3]
Schliesslich werden wir uns die Frage vorlegen müssen – warum sonst sollten wir uns heute noch mit Feuerbach oder Marx beschäftigen –, ob dieses gegen den bloss von einer kalkulierenden Vernunft geleiteten traditionellen Wissenschaftsbetrieb gerichtete Programm der praktischen Philosophie in den Dienst genommen werden kann, um dem fortschreitenden Identitätsverlust von gesellschaftlichem Bewusstsein, wenn nicht Einhalt zu gebieten, so doch Möglichkeiten einer neuen, weniger entfremdeten Identität in Aussicht zu stellen. Solche Möglichkeiten zu erwägen, scheint in Zeiten ökonomischer Globalisierung und dem vorauseilenden Gehorsam der Politik gegenüber den privaten Interessen der wenigen weltmarktbeherrschenden Megakonzerne möglicherweise antiquiert. Dennoch wüsste ich nicht, wie man anders das Individuum vor der Expansionslogik des Kapitals retten wollte, deren Tendenz eben ist, alles Denken zu unterwerfen, weshalb ausserhalb ihrer selbst – streng genommen – auch keine Wirklichkeit mehr existiert. Statt also den Rückzug praktischer Vernunft aus den Geschäften der Macht einzuläuten und das Schicksal der geschichtlichen Welt in den Kurvenverlauf spekulativer Kapitalgeschäfte zu integrieren, wird hier in Anschluss an Feuerbach und Marx gewissermassen versucht, das Fenster praktisch politischer Philosophie neu zu öffnen gegen das festinstallierte Programm der um die Profitrate sich rankenden ökonomischen Logik, um dies zu überlisten, quasi als Virus einzudringen, der eine Umprogrammierung im System erzwingt, weil andernfalls mit dem Systemstart schon dessen Absturz vorgezeichnet wäre.

[3] Vgl. U. Reitemeyer, *Philosophie der Leiblichkeit,* Frankfurt 1988, bes. Kap. V.

1.

Auf den ersten Blick muss es ungewöhnlich erscheinen, eine philosophische Position, für die Hegel eine so zentrale Rolle spielt, dass sie über ihn definiert wird, mit einem Programm praktischer Philosophie zu konfrontieren, das insofern vormoderne Züge trägt, als es explizit noch nicht in Differenz zur Tradition tritt. Man könnte vermuten, da Hegel, der nach Habermas[4] als erster Geschichte als Auflösungsprozess von Traditionen interpretiert habe und daher der erste moderne Historiker sei, über vorgängige Reflexionspositionen gar nicht getroffen, geschweige denn widerlegt werden könne. Ich gehe auch nicht so weit zu behaupten, dass Feuerbach und Marx etwa bei Montaigne oder Rousseau oder in der Transzendentalphilosophie Kants nach Antworten gesucht haben zur reflexiven Bearbeitung der von Hegel in den geschichtlichen Raum geworfenen Fragen im Hinblick auf den Umstrukturierungsprozess der bürgerlichen Gesellschaft. Aber ich behaupte, dass Feuerbach und Marx über die Spekulation hinweg in der Tradition der praktisch politischen Philosophie stehen, die sich seit der Renaissance als Gegenperspektive zur konventionellen gesellschaftlichen Praxis etabliert hat.
Der Anspruch der Philosophie, durch Reflexion und Kritik in die politisch gesellschaftliche Realität einzugreifen, ist wahrscheinlich so alt wie die Philosophie selbst beziehungsweise so alt wie die Anerkennung eines gesellschaftlich geschlossenen rechtsverbindlichen Vertrags zur Regelung der jeweiligen Macht- und Einflusspotentiale. Philosophie als eine vom natürlichen Bewusstsein sich unterscheidende Denkform hat nämlich eine von der natürlichen Existenzweise unterschiedene Lebensform zur Voraussetzung, aus der heraus Natur und die aus ihr herausgetretene gesellschaftliche Praxis beobachtet und erklärt werden. Die Geburt der Philosophie ist noch nicht im Mythos vollzogen. Dort tritt das Bewusstsein nur aus seiner ersten Unmittelbarkeit heraus, um sogleich in sie zurückzufallen. In dem Augenblick jedoch, in dem der Mythos durchschaut und zum Instrument der Macht wird, in dem Augenblick also, in dem er politische Realität erzeugt und sich über diese Realität reproduziert, entsteht Philosophie als jene richterliche Instanz, vor der sich Mythos und Realität scheiden, auch dann noch, wenn die politische Realität Resultat mythischer Reproduktion ist.
So weit wir auch von unserem beschränkten abendländischen Standpunkt in die Geschichte der Philosophie zurückwandern, immer werden wir eine Verschränkung von Philosophie und politischem Handeln feststellen. Oder anders gesagt: Sobald gesellschaftliches Kooperieren sich unter Vertrag stellt, in machtorientiertes politisches Handeln übergeht, bedarf es einer über die blosse Existenzsicherung hinausgehenden Reflexionssphäre, die

[4] Vgl. J. Habermas, *Der philosophische Diskurs der Moderne,* Frankfurt 1985.

die unmittelbare, im Hier und Jetzt befangene Existenzweise übersteigt. Ist der Übergang vom Stand in der Natur zur Standnahme gegenüber der Natur nur denkbar unter einer logisch konstruierten, also reflexiv entworfenen Wirklichkeit, aus der heraus gegenüber der Unmittelbarkeit standgenommen wird, so ist diese andere Wirklichkeit bereits Resultat politischen Handels bzw. des gesellschaftlichen Selbstentwurfs des Menschen. Bei diesem Selbstentwurf ist nicht entscheidend, ob die menschliche Praxis frei oder abhängig von der Natur gedacht wird. Entscheidend ist, dass sie im Unterschied zur unmittelbaren, sinnlich determinierten Handlungsweise des vorgesellschaftlichen Menschen unter selbstgesetzten Zwecken steht und daher einem Plan folgt, dessen die bewusstlose Natur nicht bedarf, um zu bleiben, was sie ist. Zweckgerichtetes Handeln als Resultat eines ausgehandelten Gesellschaftsvertrags vollendet den Austritt des Menschen aus seiner unmittelbaren Natur, weshalb die Intention des philosophischen Gedankens, soziale Wirklichkeit über Einflussnahme auf die Politik gerecht zu gestalten, so alt ist wie die Selbstunterscheidung von seiner Natur, die der Mythos noch nicht zum Ausdruck bringt. Dies heisst aus der Perspektive des längst vergesellschafteten Bewusstseins aber auch, dass der Mythos, das Unbewusstsein so weit fortwirkt, solange die Selbstunterscheidung des Menschen von dieser seiner zweiten Natur nicht gelingt, d.h. solange die Bewusstlosigkeit des Naturzustands in die gesellschaftliche Existenzweise transportiert wird. In seiner unmittelbaren gesellschaftlichen Verflechtung kann das Individuum die gesellschaftliche Realität gar nicht in Frage stellen, sowenig wie der Naturmensch die Natur von dem Standpunkt des Mythos aus.

Feuerbach hatte so unrecht nicht, den durch Theologie und spekulative Philosophie erzeugten ideologischen Überbau der bürgerlichen Gesellschaft als Ausdrucksform des alten, nur unter umgekehrten Vorzeichen stehenden mythologisch befangenen Bewusstseins zu dechiffrieren. Trennt das im Mythos befangene natürliche Bewusstsein sich nicht von der Natur, so trennt sich das durch die Vermittlungsinstanzen der gesellschaftlichen Praxis hindurchgehende angebliche «Selbstbewusstsein» nicht mehr von der gesellschaftlichen Objektivität. Das unmittelbare Realitätsprinzip «Natur» wurde ausgetauscht gegen das der bürgerlichen Gesellschaft, doch das Abhängigkeitsgefühl des Bewusstseins von einer nicht verfügbaren objektiven Wirklichkeit blieb dasselbe – und wird es bleiben, solange das allgemeine Bewusstsein den Entfremdungsprozess zur unmittelbaren Wirklichkeit unterläuft, indem es ihn nicht wahrnimmt. Philosophie, die ihren Realitätsanspruch ausser sich selbst setzt und in Zwecksetzung politischen Handelns ihren Niederschlag sucht, beginnt daher – modern formuliert – als Ideologiekritik, d.h. mit der Analyse des ideologischen Überbaus der gesellschaftlichen Verkehrsform. Dessen Verquickung mit ökonomischen Privatinteressen, die durchzusetzen allein politische Macht sichert, wurde als Prinzip gesellschaftlicher Praxis zwar erst von der Aufklärungsphilosophie offen namhaft gemacht und von Marx ein Jahrhundert später methodisch dargestellt, war nichtsdestoweniger als praktischer Tatbestand aber immer schon gesellschaftlich objektiv. Feuerbachs spezifische Ideologiekritik, die die hinter supranaturalistischen Anschauungsweisen sich verbergende Vernetzung des religiösen Bewusstseins im gesellschaftlichen Machtkampf aufdeckt, wird von Marx fortgesetzt mit der Frage nach den machtpolitischen Interessen, die hinter solchen Abhängigkeit erzeugenden Ideologien stecken.

Als Feuerbach 1828 Hegel seine Dissertation zuschickt mit den Worten, dass es nun darauf ankäme, die Idee zu verwirklichen und zu verweltlichen bzw. das «Reich der Idee» zu stiften,[5] setzt er Hegels frühe Kritik des unpolitischen Christentums fort. Obgleich Feuerbach die erst Anfang des 20. Jahrhunderts von Nohl herausgegebenen theologischen Jugendschriften Hegels nicht kennen konnte, schliesst seine Kritik des Christentums genau an dem Punkt an, an dem Hegels Kritik abbricht. Zwar analysiert Hegel die Doppelbödigkeit der christlichen Morallehre etwa in Bezug auf das Reich Gottes,[6] aber er stellt nicht wie Feuerbach die Machtfrage, d.h. er klammert genau die Frage aus, um die es aus gesellschaftstheoretischem Blickwinkel geht: Wem nützt die Auslagerung des Reichs Gottes in ein ausserweltliches Jenseits, wenn nicht denjenigen, die im Diesseits ihre Macht nicht teilen wollen. Entsprechend erläutert Feuerbach im Vorfeld zum «Wesen des Christentums» gegenüber Ruge den Plan einer Schrift, die «tief in die Lebensfragen der Zeit» eingreife; denn, so fragt Feuerbach: «Was ist der letzte Grund unserer geistigen und politischen Unfreiheit? Die Illusionen der Theologie. Ich weiss das», so fährt Feuerbach fort und gibt der abstrakten Wendung damit zugleich einen konkreten individuellen Inhalt, «ich weiss das aus meinem eigenen früheren Leben, wo dieser Teufel in Engelsgestalt mich in seinen Krallen gehalten hat».[7]

Mit dieser Frage schliesst Feuerbach an die politische Philosophie der Aufklärung, insbesondere an Rousseau an, spitzt deren Kritik gegenüber Kirche und Staat aber dahingehend zu, dass er den gesellschaftlichen Kampf um die ideologische Oberhoheit als Hintergrundspektakel demaskiert, das vom eigentlichen Kampf um die politische Macht ablenken soll. Dieser

[5] Vgl. L. Feuerbach, Brief an Hegel vom 22. Nov. 1828, in: *Gesammelte Werke,* hg. von W. Schuffenhauer, Bd. 17, S. 103-108.

[6] Vgl. G. W. F. Hegel, *Werke in zwanzig Bänden,* hg. von E. Moldenhauer/W. Michel, Bd. 1, S. 399-400.

[7] L. Feuerbach, Brief an A. Ruge vom November 1839, in: *Gesammelte Werke,* Bd. 17, S. 383. Diese, wie es scheint, beinahe traumatischen Jugenderinnerungen hindern Feuerbach jedoch nicht daran, sich bei seiner Mutter artig für das Taufzeug zu bedanken, das sie zur Taufe seiner Tochter Eleonore gesandt hat. Brief vom 11. September 1839, ebenda, S. 372.

spielt sich ab im individuellen Kampf fast aller Menschen um ihre leiblich soziale Existenz.
Mit dem Schlagwort «Klassenkampf» weist Marx im Anschluss an Feuerbachs Religionskritik dem bis dahin üblichen Begriff «Bürgerkrieg» für innergesellschaftliche Machtkonflikte eine neue Qualität zu. Suggeriert «Bürgerkrieg» so etwas wie einen Kampf unter Gleichen, eben unter Menschen, die allesamt den Rechtstitel der Gleichheit tragen, verdeutlicht der Begriff «Klassenkampf», dass es um einen Krieg unter Ungleichen geht, nämlich zwischen jenen, die das Recht zu ihrem materiellen Vorteil setzen, und denjenigen, die zu ihrem materiellen Nachteil unter dieses Recht fallen, ohne es doch mitbestimmt zu haben. Deshalb setzt auch Marx, noch unberührt durch Engels parteipolitisches Engagement, zunächst auf einen rechtspolitischen Reformprozess, als dessen treibende Kraft Marx durchaus das fortschrittliche Bürgertum betrachtete, das immerhin parlamentarisch vertreten war.

2.

Diesen rechtspolitischen Reformprozess, eingeleitet durch das Bündnis der kritischen Philosophie mit der von der Macht ausgeschlossenen Klasse, denkt Marx zunächst einmal in Richtung theoretischer Aufklärung des Proletariats, das das für die Befreiung notwendige Klassenbewusstsein nur durch Überwindung seines naiven, im weitesten Sinne religiösen Bewusstsein gewinnt. Der von Feuerbach im Anschluss an die kritische Aufklärungsphilosophie neu formulierte Anspruch auf Profanisierung der philosophischen Reflexion, stand im Bewusstsein des Junghegelianismus am Ende eines Jahrhunderte währenden Säkularisationsprozesses, der praktisch gesellschaftlich stattfand als Kampf zwischen Staat und Kirche und theoretisch als Kampf zwischen Philosophie und Theologie. Steht Feuerbach deshalb am Ende dieses Säkularisationsprozesses, weil er die Philosophie aus der Klammer abstrakter Spekulation löst und damit gleichzeitig aus der Logik theologischer Argumentationsreihen, ist es für Marx nur konsequent im Hinblick auf die Bildung eines angemessenen, die komplexen Strukturen der durch das Kapital regierten bürgerlichen Gesellschaft durchdringenden Klassenbewusstseins, diesen von Feuerbach zu Ende gebrachten theoretischen Säkularisationsprozess zum Ausgangspunkt des politischen Kampfes um die Neuverteilung der Macht zu machen. Dessen erstes Etappenziel scheint nach Marx nicht in der Verbesserung der materiellen Situation der Proletarier zu liegen, sondern darin, die rückständigen politischen Verhältnisse in Deutschland, i.e. die Rechtsverhältnisse, gegenüber den europäischen Grossmächten Frankreich und England auszugleichen. Die erste politische Tat der Philosophie muss demnach darin bestehen, neues geltendes Recht zu konstituieren, d.h. positive Wissenschaft

insofern zu werden, als sie gesellschaftlich politische Verbindlichkeiten formuliert, die rechtspositiv werden.
Wenn Feuerbach ein Vorwurf zu machen wäre, etwa in jene Richtung gehend, dass er sein eigenes Programm zur Verwirklichung der Philosophie verfehlt habe, dann dergestalt, dass er als Sohn eines aus seiner Zeit herausragenden Rechtstheoretikers die Rechtsphilosophie Hegels keiner besonderen Kritik unterzog und es daher versäumte, die «konsequenteste, reichste und letzte Fassung»[8] der deutschen Rechts- und Staatsphilosophie als Blockade gesellschaftlicher Demokratisierungsprozesse zu dechiffrieren.
Aus rechtstheoretischer Perspektive betrachtet, ging es Marx um die Materialisierung des wirklichen Menschen als Träger politischer Macht. Infolge eines steigenden Legitimationsbedarfs des positiven Rechts gegenüber der vorausgeeilten Faktizität der gesellschaftlichen Verkehrsformen, erschien es Marx zweckmässig, mit Blick auf die zunehmende Ausdifferenzierung der technischen Wissenschaften und der daran angeschlossenen industriellen Produktionsweisen bei gleichzeitiger Monopolisierung des Kapitals, also mit Blick auf das Modernwerden der bürgerlichen Gesellschaft, politische Macht insgesamt neu zu verteilen.
So entdeckte Marx den Proletarier als Rechtssubjekt der bürgerlichen Gesellschaft, und zwar in der aktiven Funktion, ein politisches Mandat auszuüben, d.h. sein spezifisches Klasseninteresse im Verhältnis zum gesellschaftlichen Allgemeinwillen öffentlich durchzusetzen. Als politischer Mandatsträger, der seinem besonderen, dennoch den Allgemeinwillen repräsentierenden Klasseninteresse rechtspolitisch Geltung verschafft, steht der Proletarier mitten in den Verfahrensstrukturen der bürgerlichen Gesellschaft. Diese würde im Zuge zunehmender proletarischer Partizipation an politischen Entscheidungsprozessen ein menschlicheres Gesicht erhalten und ihre konstitutiven Prinzipien, wie ungeregelter Erwerb von Privateigentum und die daraus resultierende bloss formale Rechtsgleichheit, würden ihrer notwendigen Kritik unterzogen.
In dieser doppelten Funktion, die bestehenden Organisationsformen bürgerlicher Gesellschaft strukturell zu verändern, also geltendes Recht zu reformieren und den utopischen Ausblick in eine Gesellschaft zu wagen, deren Prinzipien nicht von Maximen der Profitmaximierung und effizientesten Ausbeutung menschlicher Arbeitskraft beherrscht werden, steht der Proletarier sowohl innerhalb als auch ausserhalb des Prozesses der bürgerlichen Gesellschaft. Diese wäre – unter eine neue rechtliche Verfassung gebracht – allerdings nicht mehr, was sie ist.
Auch der Weltbürger Kants steht ideengeschichtlich rekonstruiert innerhalb und ausserhalb der bürgerlichen Gesellschaft und zeigt sich verwandt mit dem Kommunisten der klassenlosen Gesellschaft. Ebenso verstrickt in

[8] Karl Marx: Zur Kritik der Hegelschen Rechtsphilosophie, in: *Werke in 6 Bänden,* hg. von H. J. Lieber/P. Fürth, Bd. 1: Frühe Schriften, Darmstadt 1981.

den gesellschaftlichen *status quo* wie der Proletarier, muss der Weltbürger dies Bestehende utopisch überspringen, um die weltbürgerliche Gesellschaft politisch administrativ auf den Weg zu bringen. Er muss ebenso wie der Proletarier ein der bürgerlichen Gesellschaft übergeordnetes Klassenbewusstsein innerhalb der bürgerlichen Gesellschaft erzeugen. Dies verändert die allgemeine Bewusstseinslage so weit, dass die traditionalen Konstitutionsmerkmale bürgerlicher Gesellschaft gegen rechtsstaatliche Verfahrensrationalität ausgetauscht werden. Sowohl Feuerbach als auch Marx begründen die allgemeine politische Partizipation durch Arbeit und Eigentum bzw. Kapital, unabhängig davon, ob sie den Bürger oder den Proletarier zur treibenden Kraft des gesellschaftlichen Fortschritts erheben. Beiden ging es um das politische Äquivalent einer zur ökonomischen Kraft avancierten Klasse der bürgerlichen Gesellschaft, die ihr eigenes Klassenbewusstsein in einer posttraditionalen Gesellschaft überwindet. Der Weltbürger, bis heute so posttraditional wie der Kommunist, versteht sich ebenso wie dieser als Verbündeter oder als Sprachrohr der Philosophie: Nur der Weltbürger hat Kenntnis von der die bürgerliche Gesellschaft übergreifenden Idee des allgemeinen Weltfriedens, so wie nur der Kommunist Kenntnis hat von einer die bürgerliche Arbeitsgesellschaft überwindenden klassenlosen Gesellschaft, in welcher der Mensch als ganzer wiedergewonnen wäre. Problematisch ist nur, dass der Kommunist wie der Weltbürger die Philosophie braucht, um spezifische Klasseninteressen im Horizont des gesellschaftlichen Allgemeinwillens zu reflektieren. Marx bekräftigt sogar innerhalb des rechtstheoretischen Diskurses die Vormundschaft der Philosophie gegenüber dem allgemeinen Bewusstsein und versteht, entgegen der Feuerbachschen Stossrichtung, den Prozess der theoretischen Aufklärung und gesellschaftlichen Erneuerung als einen von oben nach unten verlaufenden, d.h. modern ausgedrückt als einen durch Verwaltungsvorlagen angeordneten Marsch durch die Institutionen und Rechtsinstanzen.

Vielleicht war Feuerbach zu realistisch und skeptisch zugleich, um an ein Bündnis von Philosophie und positivem Recht zu glauben, das auch als zustande gekommenes nicht gewährleisten kann, dass die vom Menschen sowohl erzeugte wie auch unmittelbar vorgefundene gesellschaftliche Wirklichkeit übersichtlich moralisch strukturiert wird. Nicht dem Proletarier galt sein Misstrauen, dessen Existenzweise Feuerbach wohl vor Augen hatte, wenn er von den *wirklichen* Bedürfnissen des Menschen spricht, auch wenn der Proletarier vom wirklichen Menschen, der sich voll entfaltet hätte, genauso weit entfernt ist wie der bourgeois. Feuerbach misstraut dem Staat oder besser gesagt aller Staatsgewalt, die nie von unten kommt. Verbündete sich Philosophie mit der wie auch immer gewandeten Staatsgewalt, indem sie ihr das Recht schriebe, wäre ihr Ausgangspunkt nicht mehr der individuelle, durch Arbeit sich erhaltende wirkliche Mensch, sondern ein über den realen Verhältnissen angenommenes sittliches Bewusstsein, zu dem nur Philosophen Zugang haben. Als Ethiker war Feuerbach und mit ihm dann auch der Marx der Deutschen Ideologie viel zu materialistisch, um anzunehmen, durch die philosophische Aufklärung von oben die gesellschaftlichen Basisverhältnisse entscheidend verändern zu können, auch dann nicht, so würde Feuerbach argumentieren, wenn die in der gesellschaftlichen Hierarchie am weitesten unten beheimatete Klasse in den Stand der Rechtssubjektivität versetzt würde und das positive Recht mitschriebe.

Das von Marx in seiner Kritik der Hegelschen Rechtsphilosophie in Aussicht gestellte Bündnis zwischen Philosophie und Proletariat in Gestalt eines neuen bürgerlichen Rechtsstaats, in dem der Arbeiter zum Instrument der Kritik wird, verhinderte einerseits einen fruchtbaren Dialog zwischen ihm und Feuerbach, andererseits und politisch folgenschwerer musste dieses Bündnis, wenn nicht über die Reform des Staatsrechts, irgendwie geschlossen werden. Statt die Suche nach dem Vollstrecker des philosophischen Willens ausserhalb der Philosophie aufzugeben, Philosophie in ihrer regulativen, im weitesten Sinne konstituierenden Funktion im Prozess bürgerlicher Theoriebildung anzuerkennen, statt also ihren negativen Stachel zu verstärken, eliminiert Marx in der Deutschen Ideologie die Philosophie insgesamt aus dem Bereich der gesellschaftlichen Praxis. Der neue Bündnispartner des Proletariats ist jetzt die «positive Wissenschaft». Gemeint sind empirische Untersuchungen, die den Entwicklungsprozess der Gesellschaft durch Fakten anschaulich machen und eine neue Ordnung ins «geschichtliche Material»[9] bringen. Historische Rekonstruktion, nicht mehr der Methode des Entwurfs, sondern der Methode des Faktensammelns folgend, versprach zu der von Hegel von oben verhängten Objektivität des Wissens zu führen, nur von unten, von der gesellschaftlichen Basis aus anvisiert.

Vielleicht dachte Marx weniger daran, die Philosophie als negative Kraft zu vernichten, als ihr vielmehr eine neue nicht-spekulative Methode anzuraten. Nichtsdestoweniger erteilt er mit seinem Veto für die positiven Wissenschaften der Metaphysik eine offensichtliche Absage. Verwirklichen kann sich demnach nur positive Wissenschaft, ob in positives Recht oder in politische Handlungsmaximen übergehend. Bleibt nur zu fragen, warum die Gesellschaften noch immer nicht befriedet sind, nachdem alle Wissenschaft positiv geworden ist.

Viel zu genau haben die Dogmatiker die Deutsche Ideologie gelesen und dennoch nicht verstanden. Sie lösten die Deutsche Ideologie aus ihren innerdiskursiven Verflechtungen und liessen sich verleiten, der Marxschen Kritik und Polemik einen überhistorischen Geltungsanspruch zuzuweisen, der die eigentliche Spitze der Kritik bricht. Diese richtet sich bekanntlich gegen den politischen Restaurationsprozess des preussisch dominierten

[9] K. Marx/F. Engels, *Deutsche Ideologie* (1845-1846), *MEW* 3, S. 27.

Staatsapparats, dessen Strukturen Marx sogar zwanzig Jahre später noch übers positive Recht glaubt brechen zu können: da der Proletarier «in zu vielen Fällen selbst zu unwissend» ist, um «das wahre Interesse» der zukünftigen Generation zu verstehen, muss zu deren Rettung – gegen die Unwissenheit des Proletariats – diese im wahren Interesse liegende «soziale Vernunft» in «politische Gewalt» verwandelt werden. Dies kann «unter den gegebenen Umständen» nichts anderes heissen, als zu der einzig verbliebenen «Methode» zu greifen, nämlich «allgemeine Gesetze» durch die «Macht des Staates», also von oben nach unten durchzusetzen. Dabei sei jedoch nicht zu befürchten, dass «in der Durchführung solcher Gesetze (...) die Arbeiterklasse die regierende Macht» befestige. «Im Gegenteil: sie verwandelt jene Macht, die jetzt gegen sie gebraucht wird, in ihre eigene Agentenschaft».[10]

So hatte sich Feuerbach die Verwirklichung der Philosophie nicht vorgestellt. Nicht, dass Feuerbach den Anspruch des Proletariats auf Rechtssubjektivität bezweifelte oder eine Proletarisierung der bürgerlichen Gesellschaft auf Kosten der Rechtsstaatlichkeit befürchtete. Feuerbachs Bedenken waren eher logischer Natur. Marx konnte Feuerbach nicht davon überzeugen, dass dem Bewusstsein der proletarischen Basis nach dessen Aufstieg zur Ideologie des Überbaus und nach dessen funktionaler Integration in den Staatsapparat die philosophische Rückbindung an den wirklichen, nicht nur arbeitenden Menschen gelingen würde. Als Inhaber des politischen Machtmonopols hat das Proletariat nämlich seine basielle Position verloren und entfernt sich daher von den Individuen, d.h. von den Bedürfnissen jener Menschen, die in einer vorgefundenen Wirklichkeit zurechtkommen müssen, ohne diese politisch mitgestalten zu können.

Man kann Feuerbachs Auffassung konservativ nennen, weil er weder dem Proletariat noch einer anderen Klasse der bürgerlichen Gesellschaft zutraut, «die Sache der Menschheit», die eine philosophische Idee ist, politisch durchzusetzen. Mit dieser Skepsis schliesst er an Rousseau und Kant an,[11] deren Gesellschaftsentwürfe durch einen eigentümlichen Abstand zur realpolitischen Vermittlungspraxis gekennzeichnet sind. Diesen Formalismus glaubt Marx – und dies zu Recht – nicht mehr durchhalten zu können, weshalb er zum historischen oder besser zum politischen Zeitgenossen seiner Gegenwart wird. Dennoch stellt der kommunistische Entwurf einer zukünftigen klassenlosen Gesellschaft nichts andres in Aussicht als die Erneuerung des bürgerlichen Rechtsstaats unter dessen konstitutiven, aber nie real gewordenen Prinzipien. Ungeachtet des Anspruchs der Deutschen Ideologie, weit ausserhalb von bürgerlicher Theoriebildung zu stehen, ist

[10] K. Marx: Genfer Resolution, in: *Der Vorbote. Organ der Internationalen Arbeiterassoziation,* 1. Jg. (1866), No 10.

[11] Vgl. U. Reitemeyer: Feuerbach und die Aufklärung, in: W. Jaeschke/F. Tomasoni (Hg.), *Ludwig Feuerbach und die Geschichte der Philosophie,* Berlin 1998.

sie doch Moment dieses Prozesses. Sie bereichert die wissenschaftliche Theoriebildung um die den empirischen Naturwissenschaften abgeschaute Methode materialistischer Geschichtsrekonstruktion. Dadurch gelingt es Marx, die Geschichte der bürgerlichen Gesellschaft aus der Perspektive faktensammelnder Ökonomiekritik neu zu strukturieren. Marx stellt diese Methode historischer Rekonstruktion auf den Boden empirischer Beobachtung bzw. dessen, was empirisch konstatierbar ist. Diese Methode, um deren willen Marx die negative Kraft der Philosophie aufgibt und in positive Wissenschaft umwandelt, setzt neue inhaltliche Vermittlungen frei. Sie ermöglicht die historischen und ökonomischen Fakten nicht nur zu sammeln, sondern auch zu befragen und zwar aus der Perspektive derjenigen Klasse, die unter dieser gesellschaftlichen Faktizität am meisten leidet.
Hier ist Marx' Verdienst zu suchen und sein bleibender Wert für eine moralisch praktisch sich vergewissernde Rechts- und Gesellschaftstheorie, die zwar nicht anders als in der bürgerlichen Gesellschaft entstehen kann, aber doch hinausweist in eine zukünftige Gesellschaft, von der auch Marx als einer nicht-bürgerlichen nur einen Begriff hat. Deshalb kann er umgekehrt, den Frühschriften sei es gedankt, nicht als gescheiterter Prophet in den Geschichtsbüchern abgehandelt werden.
Mit Engels verhält es sich dagegen schwieriger. Der von Marx über die empirische Methode erreichte Stand wissenschaftlicher Objektivität wird von Engels parteipolitisch instrumentalisiert, d.h. der Stand objektiver Argumentation wird primär nicht durch die Anwendung einer bestimmten Methode eingenommen, sondern wird als ein der Partei innewohnender Klassenanspruch als existierend immer schon vorausgesetzt.[12] Der Weg des Kommunisten zur Etablierung der eigenen politischen Macht wurde von Engels so direkt gedacht, dass dem umstürzenden Kommunisten gar nicht die Zeit blieb, in kritische Distanz zu seinem revolutionären Klassenaufstieg zu treten. Der von ihm vielleicht im Mund geführte Ausblick in eine klassenlose Gesellschaft, aus deren Perspektive ein korrigierender Blick auf die Diktatur des Proletariats hätte geworfen werden können, wird dem Kommunisten verstellt eben durch diese proletarische Diktatur, die zum unhintergehbaren Durchgangsstadium der klassenlosen Gesellschaft, zu deren historisch materieller Voraussetzung aufsteigt.

3.

In welcher Weise kann nun das methodische Rüstzeug der Religions- bzw. Ideologiekritik und der daraus resultierende Entwurf einer klassenlosen

[12] Vgl. F. Engels: *Grundsätze des Kommunismus* (*MEW* 4), die nahe legen, dass das zwei Jahre später entstandene Manifest der kommunistischen Partei (1848) in seinen programmatischen Teilen im wesentlichen wohl aus Engels Feder stammen dürfte.

Gesellschaft noch nutzbar gemacht werden für die aktuelle Diskussion um den extremen Identitäts- und Sinnverlust des aus seinem traditionellen Normengerüst herausgelösten Individuums?
Dieser Identitätsverlust, zurückzuführen auf die globale Vermassung des individuellen Bewusstseins scheint insofern unumkehrbar, als das Massenbewusstsein sich selbst nicht durchschaut, und ein jedes Individuum von ihm aufgesogen wird, noch dann, wenn es sich dagegen positioniert. Der Kapitalismus als profitables Warenumschlagssystem erhält sich nur im Prozess eines stetig sich beschleunigenden Warenausstosses,[13] dessen Profit von seiner Kalkulierbarkeit abhängt. Weil es aus betriebswirtschaftlicher Sichtweise schon lange nicht mehr ausreicht, auf die Nachfrage des Marktes so schnell wie möglich zu reagieren, muss die Nachfrage stets angekurbelt oder auch neu erzeugt werden. Für den massenhaften Absatz eines Produkts eignet sich nun nicht das individuelle Bewusstsein, das die Manipulationsgewalt der konkurrierenden Marktführer durchaus fühlt, und als universale Verdinglichung seiner ganzen Person erfährt. Solches Bewusstsein, das einen Rest widerständiger Subjektivität reservierte,[14] reagiert nicht unmittelbar auf die schablonisierte Bilderwelt, die alle Differenzen zwischen den Dingen einschmilzt, sie als Ware gleichmacht und von dort aus das Unbewusste, Vorreflexive, Affektive infiziert, das als Infiziertes unerkannt in zwecksetzendes Handeln übergeht. Der neue Wahlspruch: «ich lebe, wie es mir gefällt», muss in Wirklichkeit heissen: «ich lebe, wie es der Marktforschung gefällt bzw. wie sie es als Lebensstil für mich vorgesehen hat». Selbst als Aussteiger ist der einzelne Mensch nichts weiter als eine Variable, die in die Vorkalkulationen des Produktmanagements längst eingegangen ist.
Wahrscheinlich gibt es keinen anderen Weg, das individuelle Bewusstsein – in Feuerbachs Worten der «beseelte Leib» – vor seiner Entwirklichung und vollständigen Entäusserung zu bewahren, als es aufzuklären und dadurch widerständig zu machen gegen die Manipulationstechniken der Marktstrategen. Die haben es inzwischen immer leichter, müssen den Absatz eines Produkts nicht mehr unterschiedlich nach regionalen Gesichtspunkten organisieren, sondern haben im Zuge der weltweiten Kommunikationsvernetzung ihre Chance genutzt und alles menschliche Bewusstsein via Kabel gleichgeschaltet. Menschen, die sich über die Gewalt aufklären, die ihnen im täglichen Überlebenskampf in einer inzwischen mitleidslosen Konkurrenzgesellschaft angetan wird, lösen sich aus der bis dahin naturwüchsig erschienenen Unmittelbarkeit ihrer verdinglichten Existenz und suchen statt dessen zwischenmenschliche Unmittelbarkeit, die nicht als Ware zu

[13] Vgl. A. Gorz, *Arbeit zwischen Misere und Utopie,* Frankfurt a. M. 2000.
[14] Vgl. G. Simmel, *Philosophie des Geldes* (1900), hg. von D. P. Frisby/K. Ch. Köhnke, Frankfurt 1964, S. 652; vgl. ebenso: G. Lukács, *Geschichte und Klassenbewusstsein* (1923), Neuwied/Berlin 1970, S. 172.

handeln ist. So, wie sich im Urteil Feuerbachs das Christentum in den Dienst der politischen Macht nehmen liess und – wie Marx analysierte – zum tröstenden Massenartikel der von einer sinnerfüllten Existenzweise ausgeschlossenen arbeitenden Klasse wurde, so verseucht heutzutage eine kleine Marktforschungselite weltweit das zuvor gleichgeschaltete entindividualisierte Bewusstsein und macht es kompatibel für die Aufsplitterung in Marktanteilsressourcen.

Die von der Soziologie analysierte Entwicklung von der fordistischen Lohnarbeitsgesellschaft über die postfordistische, quasi vormoderne Dienstbotengesellschaft zur gegenwärtig bereits zu diagnostizierenden prostitutiven Selbstvermarktungsgesellschaft[15] berührt einen von Feuerbach ins Spiel gebrachten und von Marx in seiner Theorie der entfremdeten Arbeit wieder aufgenommenen Gedanken, nämlich nicht nur das Bewusstsein, sondern auch die Integrität des Leibes zu schützen. Die im Kampf um Arbeitsplätze neu entwickelte Strategie der Selbstvermarktung der ganzen leiblichen Person, die sich, wie Gorz richtig ausführt, nicht auf die «Vermarktung des Körpers» beschränkt,[16] da diese von der Person nicht trennbar sei, rückt Feuerbachs Philosophie der Leiblichkeit als Parteinahme für den durch seine Entfremdung in seiner unmittelbaren Leiblichkeit bedrohten Menschen in den Mittelpunkt der gegenwärtigen Diskussion um die menschliche Würde, die dieser – scheinbar aus einer Laune heraus – selbst zu Markte trägt.

So wie im Produktions- und Dienstleistungssektor die Arbeitnehmer sich selbst wegrationalisieren, so entledigt sich die global vernetzte Mediengesellschaft selbst ihrer letzten privaten Nischen. Der äussere Zwang ist kaum mehr wahrnehmbar, nichtsdestoweniger vorhanden und eigentlich mit den alten Mitteln der Kritik der bürgerlichen Nationalökonomien zu entschlüsseln, sofern man an die Stelle der auch zu Marx' Zeiten schon international operierenden Grossindustrie die Weltkonzerne setzt. Deren Gewinne schnellen in unvorstellbare Höhen, während zwei Drittel der Weltbevölkerung ums nackte Überleben kämpfen und zwei Drittel der Bürger in den reichen Industrienationen Zukunft nur von Monat zu Monat planen können.

Die Integrität des Leibes ist nicht nur bedroht durch Welthunger, massenhafte Ausbeutung einer immer weniger entlohnten menschlichen Arbeitskraft und die Gleichschaltung sämtlicher Reflexionshorizonte. Die Integrität des Leibes ist auch bedroht durch eine vielfältig aufgesplitterte Lebensweise, die so schnellebig ist, dass keine Zeit bleibt für die Rückschau. So fliegt die Eule der Minerva wie immer unbeobachtet durch die Dämmerung, und es käme mit Feuerbach und Marx gesprochen darauf an, ihren Flug tagsüber, wenn die Alltagsgeschäfte laufen und das Leben sich erhält,

[15] A. Gorz, *Arbeit zwischen Misere und Utopie,* a.a.O., S. 57.

[16] Ebenda, S. 63.

nachzuzeichnen, gewissermassen als Reflexionslinie festzuhalten, an welcher der Mensch eine reale und humane Handlungsorientierung findet. Diese im weitesten Sinne moralische Haltung verändert zwar noch nicht die gesellschaftlichen Machtverhältnisse, doch entzieht sie sich kalkulatorischer Voraussagen, ist als wirkliche Haltung nicht recht vermarktbar und versteht sich als Arbeit am Prospekt einer gerecht verfassten Weltgesellschaft.

Vielleicht sind die unterdrückten Klassen in den hoch technisierten Gesellschaften der westlichen Industrienationen nicht mehr so einfach zu differenzieren wie im 19. Jahrhundert. Aber in die Form berechenbaren Konsumentenverhaltens einer unterschiedslosen Masse gebracht, ist immer noch genau so eindeutig zu definieren, wer unterdrückt wird und wer davon profitiert. Nicht nur hinter dem ausgeweideten Massenbewusstsein steckt nämlich der individuelle Mensch, seine individuelle leibliche Desintegration; der individuelle Mensch steht auch hinter den Profitraten, an denen sich, wie Bloch nicht nachliess zu ermahnen, Menschen aus Fleisch und Blut erfreuen, wenn auch nur wenige. Deshalb wäre es auch verkehrt, unter der permanenten Steigerung der Profitrate ein anonymes Betriebskapital zu verstehen, das bloss den Mechanismus in Gang hält.

Angesichts des Scheiterns aller alternativen Gesellschaftsexperimente und der daraus resultierenden Vormachtstellung der kapitalistischen Logik, durch die die Welt an die Grenzen ihrer Geschichtlichkeit gerät, wenn man das Kapital ungezügelt walten und schalten lässt, kann es nicht verkehrt sein, an eine philosophische Schule zu erinnern, die unter dem Namen des anthropologischen Materialismus für Menschenwürde, Rechtsgleichheit und soziale Verantwortung eintritt. In diesem offenen Engagement für die unterdrückte Mehrheit aller Menschen liegt die tiefe Wahrheit des Junghegelianismus über seinen eigenen Geschichtshorizont hinaus. Der Grund, warum dieses Engagement den sensiblen Leser auch noch heute berührt, könnte sein, dass es an die verpasste Chance einer freien Weltgesellschaft auf der Grundlage gegenseitiger Anerkennung schmerzlich erinnert.

Kontingenz als Chance?

Zu Wahrheit und Solidarität bei Ludwig Feuerbach und Richard Rorty

Judith Sieverding

Wenn man sich im Abstand von 150 Jahren mit einem Denker wie Ludwig Feuerbach und einem Projekt wie der Fortsetzung der Aufklärung auseinandersetzt, liegt es nahe, nach der Aktualität dieses Denkens im gegenwärtigen philosophischen Diskurs zu fragen. Im Falle Feuerbachs und seiner Verbindung zu einem Projekt der Fortsetzung der Aufklärung scheint das in doppelter Hinsicht auf den ersten Blick schwierig zu sein, da zum einen Feuerbach in der gegenwärtigen Philosophie immer noch wenig Erwähnung findet und sein Werk «bei weitem nicht so präsent [ist], wie es seine philosophiegeschichtliche Stellung und sein gedanklicher Rang erforderten».[1] Zum anderen aber scheint auch das Programm der Aufklärung, das eng mit dem Begriff der heute in so einigen Bereichen nicht nur des philosophischen Diskurses zur Disposition gestellten Begriffs der Moderne selbst verknüpft ist, erneut einer Begründung zu bedürfen. Wird in den einflussreichen intersubjektivistisch orientierten Versuchen einer diskursethischen Transformation der Kantischen Moralphilosophie in ihrer Ausprägung bei Habermas und dessen Nachfolgern die nachmetaphysische Moderne zumindest noch als ‹unvollendetes Projekt› verstanden, das sich gerade in der Dialektik von Moderne und Postmoderne[2] auch immer noch als aufklärerisches erhält, so wird vielerorts im Zuge der Moderne-Postmoderne-Debatte bereits das Ende der Moderne und der endgültige, unwiderrufliche Aufbruch in ein neues, nicht mehr nur postmodernes, postmetaphysisches oder posttraditionales, sondern in ein globales Zeitalter[3] ausgerufen, dessen konstitutive Kriterien, die es vom Zeitalter der Moderne unterscheiden sollen, nicht immer ganz durchschaubar werden. Während Ulrich Beck u. a. in der Soziologie zumindest noch von der Not-

[1] W. Jaeschke/W. Schuffenhauer (Hg.), *Ludwig Feuerbach: Entwürfe zu einer Neuen Philosophie,* Hamburg 1996, Vorbemerkung der Herausgeber, S. VIII.
[2] Vgl. A. Wellmer, *Zur Dialektik von Moderne und Postmoderne,* Frankfurt a. M. 1985.
[3] Vgl. z.B. M. Albrow, *Abschied vom Nationalstaat,* Frankfurt a. M. 1998.

wendigkeit einer zweiten, ‹reflexiven Modernisierung›[4] sprechen, lassen sich andere Versuche eines expliziten Rekurses auf Prinzipien der Moderne eher als postulierter Rückzug in die Vormoderne deuten.[5]
Der philosophische Diskurs scheint so unüberschaubar und uneinig wie eh und je und wirft noch immer zahlreiche Fragen auf, nicht nur nach dem theoretischen Selbstverständnis sowohl des Menschen, der im Übergang zum 21. Jahrhundert mehr und mehr an Orientierungsmöglichkeiten für eine positive Sinnerfüllung seines Lebens verliert, als auch der Philosophie, die ihre Vorrangstellung vor den Einzelwissenschaften längst schon aufzugeben hatte, sondern vor allem Fragen nach dem praktischen Anspruch, der heute noch an das philosophische Denken gestellt werden kann.
Hinsichtlich dieses praktischen Anspruchs der Philosophie oder des Denkens überhaupt lohnt ein reflexiver Blick nicht nur auf die Aufklärung selbst, deren Programm im engeren Sinne immer noch in der Kantischen Definition des ‹Ausgangs des Menschen aus seiner selbstverschuldeten Unmündigkeit›[6] gefasst werden kann und im weitesten Sinne als Forderung nach einer an Prinzipien moralisch-praktischer Vernunft orientierten humanen Gesellschaft verstanden werden muss, sondern es lohnt vor allem ein Blick zurück auf Feuerbach, der gerade jenen praktischen Anspruch der Philosophie zum Zentrum seines Denkens macht. Dieser Blick rückwärts lohnt als in die Zukunft gerichteter auch obwohl oder vielleicht gerade weil das Denken Feuerbachs sich an der aufbrechenden Grenzlinie der radikalen Metaphysikkritik des 19. Jahrhunderts verorten lässt, das der praktischen Philosophie erst ihre systematische Wichtigkeit vor den noch übermächtigen Systemen der Religion und der spekulativen Philosophie zu Bewusstsein zu bringen versucht. Wird die Aufgabe der Philosophie heute von Richard Rorty ganz im Sinne Hegels dadurch bestimmt, dass sie nichts anderes sei als ‹ihre Zeit in Gedanken erfasst›, so geht Feuerbach bereits einen Schritt weiter, indem er der Philosophie als praktischem Denken nicht nur eine Bestandsaufnahme des Gegenwärtigen, sondern vor allem auch einen zukünftigen Entwurf menschlicher Praxis noch zutraut.
Die Modernität der Philosophie Feuerbachs scheint somit kaum begründungsbedürftig, ebensowenig wie sein Programm einer Fortsetzung der Aufklärung unter veränderten Vorzeichen, das sich bemüht, über die Kritik am sich im Zuge des deutschen Idealismus entwickelnden spekulativen, mit sich selbst identischen Vernunftbegriffs, der sich selbst zu durchschauen nicht mehr in der Lage zu sein scheint und sich dadurch von der kon-

[4] Vgl. U. Beck/A. Giddens/S. Lash, *Reflexive Modernisierung. Eine Kontroverse,* Frankfurt a. M. 1996.

[5] Vgl. z.B. F. Fukuyama, *Der große Aufbruch. Wie unsere Gesellschaft eine neue Ordnung findet,* Wien 2000.

[6] Vgl. I. Kant, Beantwortung der Frage: Was ist Aufklärung? (1784), in: *Akad.-Ausg.,* Bd. 8, S. 35-42.

kreten menschlichen Wirklichkeit abzieht, die Sinnlichkeit als notwendiges Prinzip, das mit der Vernunft in einem unabdingbar sich ergänzenden Wechselverhältnis steht, in die Reflexion einzuholen, um «ein Verhältnis zwischen Anschauung und Praxis herzustellen»,[7] das im Zuge der Hypostasierung der begrifflichen Subjektivität der Bewusstseinsphilosophie verloren gegangen ist.

«Damit wird deutlich: wer den Gedanken als Gegenüber zur sinnlichen Wirklichkeit setzt, ihn erst dann vollendet sieht, wenn er sich sinnlich erfüllt, hat ein Philosophieren im Auge, das die alltägliche und besondere Lebenspraxis der Menschen in sich aufnimmt (...). Insofern ist die Philosophie Ludwig Feuerbachs ein Beitrag zur praktischen Philosophie in modernem Sinne, womit sie über die Epoche ihrer Entstehung, diesseits von Marx, hinausweist, was bedeutet, die gegenwärtige Diskussion um den emanzipatorischen Praxisbegriff zu erweitern hinsichtlich der sinnlichen Erfüllung von Theorie.»[8]

Steht so die Modernität der Feuerbachschen Versinnlichung der Vernunft, die schon bei Rousseau als dialektisches Gegengewicht zur Vereinseitigung rationalistischer Vernunft fungiert, nicht in Frage, so lässt sich dennoch diskutieren, ob und wie sich Bezüge herstellen lassen zwischen Grundmotiven des Feuerbachschen Denkens und Positionen aktuellen, posttraditionalen Philosophierens, wobei der leise begriffliche Zweifel bestehen bleibt, ob nicht jedes Philosophieren, das sich gegen überkommene Traditionszusammenhänge sträubt, sich im eigentlichen Sinne bereits als posttraditional zu verstehen hätte.

Vor diesem Hintergrund können Grundgedanken der Philosophie Feuerbachs mit denen der Position Richard Rortys exemplarisch in Beziehung gesetzt werden. Dieser Versuch motiviert sich nicht allein aus den Parallelen, die sich in philosophiegeschichtlicher Hinsicht sicherlich ausmachen lassen – so wie Feuerbachs Kritik der spekulativen Philosophie in radikaler und exponierter Weise für einen Umbruch des Denkens im 19. Jahrhundert steht, so markieren die Schriften Rortys eine ähnlich radikale Abkehr von der abendländischen Denktradition im 20. Jahrhundert. Vielmehr scheint in systematischer Hinsicht eine nur in Umrissen zu skizzierende Bezugnahme auf Feuerbach und Rorty unter den Leitbegriffen von Wahrheit und Kontingenz durchaus sinnvoll, die sich aus der Annahme speist, dass sich die grossen Umbrüche im philosophischen Denken nicht zuletzt an der systematischen Verhältnisbestimmung und Begründungsstruktur von Wahrheit und Praxis entzünden.

Die Begriffe der Wahrheit und der Kontingenz sind zentrale Begriffe, die in einer vielschichtigen Tradition wurzeln und nicht nur den Kern philoso-

[7] U. Reitemeyer, Ludwig Feuerbachs skeptische Distanz zur Welt, in: W. Jaeschke (Hg.), *Sinnlichkeit und Rationalität. Der Umbruch in der Philosophie des 19. Jahrhunderts: Ludwig Feuerbach,* Berlin 1992, S. 48-56, hier: S. 48.

[8] U. Reitemeyer, *Philosophie der Leiblichkeit. Ludwig Feuerbachs Entwurf einer Philosophie der Zukunft,* Frankfurt a. M. 1988, S. 11.

phischen Denkens und Selbstverständnisses betreffen, sondern sich auf die Grundlagen jeglicher Reflexion über die Begründung und Praxis menschlichen Lebens auf individueller und gesellschaftlicher Ebene beziehen. Die Frage nach der Möglichkeit einer objektiven, vernünftigen Begründbarkeit menschlichen Handelns findet philosophiegeschichtlich einen ihrer Höhepunkte in der Bewusstseins- und Subjektphilosophie des deutschen Idealismus, die sich bemüht, menschliches Leben und Handeln auf der Grundlage eines erkenntnistheoretisch-transzendental begründeten Vernunftbegriffs an der vernünftigen Selbstgesetzgebung autonomer Subjekte zu orientieren.

Der Versuch Feuerbachs, die vernünftige Begründbarkeit menschlichen Seins mit seiner Reformierung der Fundamente der Philosophie auf eine neue Grundlage zu stellen, die sich aus einer tiefgreifenden Skepsis – nicht nur gegenüber dem optimistischen Fortschrittsglauben an die fortlaufende Höherentwicklung des allgemeinen Geistes, sondern vor allem gegenüber der spekulativen Begriffswirklichkeit Hegels – heraus[9] um eine Bestimmung von Wahrheit bemüht, die in der lebendigen, unmittelbaren Wirklichkeit menschlicher Praxis gründet, stellt einen ebenso weitreichenden, aber weniger beachteten Paradigmenwechsel im 19. Jahrhundert dar wie die linguistische Wende im 20. Jahrhundert, aus deren Konsequenzen der Ansatz Rortys seine Begriffsbestimmungen schöpft. Der Paradigmenwechsel im Gefolge der linguistischen Wende motiviert sich dabei wiederum aus der grossflächig angelegten Kritik der erkenntnistheoretischen Prämissen der Bewusstseinsphilosophie und lässt sich als Wechsel vom Paradigma eines transzendental-idealistisch begründeten Vernunftbegriffs und Wahrheitsverständnisses zum Paradigma der Sprache beschreiben.

Die Folgen, die sich sowohl aus Feuerbachs als auch aus Rortys Kritik der Prämissen der Bewusstseinsphilosophie ergeben, betreffen dabei vor allem die Moralphilosophie und deren Möglichkeiten einer Bestimmung der Begriffe von Autonomie, Intersubjektivität und Objektivität. Die Begriffe der Autonomie, der Intersubjektivität und der Objektivität sind deshalb von zentralem Interesse, da sie drei Ebenen der Moralphilosophie darstellen: der Begriff der Autonomie bezeichnet die Frage nach der Möglichkeit moralischen Handelns auf der Ebene des Individuums, der Begriff der Intersubjektivität bezeichnet den Bereich gesellschaftlichen und sozialen Handelns, der an der Frage orientiert ist, wie autonome Individuen ihre Hand-

[9] Zur Hegelkritik Feuerbachs vgl. insbesondere: L. Feuerbach: *Zur Kritik der Hegelschen Philosophie* (1839), in: E. Thies (Hg.), *Werke in sechs Bänden,* Frankfurt a. M. 1975, Bd. 3; ders., *Das Wesen des Christentums* (1841), in: *Gesammelte Werke* (*GW*) 5; ders., *Wider den Dualismus von Leib und Seele, Fleisch und Geist,* in: *GW* 10; ders., *Grundsätze der Philosophie der Zukunft,* in: Ludwig Feuerbach, *Entwürfe zu einer Neuen Philosophie,* hg. von W. Jaeschke/W. Schuffenhauer, Hamburg 1996 (im Folgenden zitiert als *GPZ*); ders., Vorläufige Thesen zur Reformation der Philosophie, in: *Entwürfe zu einer Neuen Philosophie.*

lungen mit anderen Individuen abstimmen und wie soziale Praxis funktioniert, der Begriff der Objektivität steht für den Bereich der Begründung und Rechtfertigung, in dem danach gefragt wird, wie sich Urteile, Handlungen und Normen auf individueller und gesellschaftlicher Ebene theoretisch begründen und rechtfertigen lassen. Diese drei Ebenen der Moralphilosophie sind gleichermassen weitreichend von Feuerbachs Kritik der Metaphysik sowohl in Gestalt des Christentums als auch der spekulativen Philosophie des deutschen Idealismus betroffen.
Feuerbach bleibt einem Wahrheitsbegriff verpflichtet, der sich zwar nicht mehr metaphysisch legitimieren, sondern an der Lebenspraxis orientieren will, dennoch aber auf eine über das Individuum hinausgehende Gültigkeit nicht verzichten kann. Feuerbachs Bestimmung der Wahrheit ergibt sich dabei aus seiner Kritik an der begrifflichen Vermittlung, die der Hegelschen Logik als bestimmendes Prinzip zugrunde liegt und der Feuerbach – ganz im Sinne einer negativen Umkehrung der bisherigen Philosophie – das Prinzip der Unmittelbarkeit, die Wahrheit des unmittelbaren Seins gegenüberstellt.[10] Jene Überbetonung der Vermittlungstätigkeit des reinen Denkens, die bei Hegel in der dialektischen Selbstaufstufung des allgemeinen Geistes kulminiert, führt zu jener einseitig geistrational ausgerichteten Konzeption einer überindividuellen, bloss noch spekulativen, von der konkreten Praxis abgeschnittenen Begriffswirklichkeit, an der Feuerbachs Kritik ansetzt. Die Objektivität der begrifflichen Allgemeinheit wird der lebendigen Wahrheit des konkreten, unmittelbaren Seins übergeordnet und widerspricht damit der Grundintention Feuerbachs, den Menschen zum Zentrum der neuen Philosophie zu machen:

> «Wenn daher die alte Philosophie sagte: Nur das Vernünftige ist das Wahre und Wirkliche, so sagt dagegen die neue Philosophie: Nur das Menschliche ist das Wahre und Wirkliche, denn das Menschliche nur ist das Vernünftige, der Mensch das Mass der Vernunft.»[11]

Feuerbachs Begriff der Wahrheit bleibt an die Vernunft gebunden, aber an eine den ganzen Menschen und nicht nur dessen abstraktes Denken erfassende Vernunft. So löst sich bei Feuerbach sowohl der Vernunft- als auch der Wahrheitsbegriff von der Vorherrschaft des Spekulativen, von der Vorherrschaft jeglicher Transzendentalitätsvorstellung – sei es der religiösen oder der philosophischen. Nur durch diesen Bruch mit der Spekulation kann Feuerbach die neue Philosophie als

[10] Vgl. zum Begriff der Unmittelbarkeit und dessen Zusammenhang mit Feuerbachs Umkehrung der Philosophie: A. Arndt, Vernunft im Widerspruch. Zur Aktualität von Feuerbachs «Kritik der unreinen Vernunft», in: W. Jaeschke (Hg.), *Sinnlichkeit und Rationalität,* a.a.O., Berlin 1992, S. 27-47, hier: S. 32ff.

[11] *GPZ,* S. 92.

«widerspruchslose Auflösung der Theologie in der Anthropologie, (...) die Auflösung derselben nicht nur (...) in der Vernunft, sondern auch im Herzen, kurz im ganzen, wirklichen Wesen des Menschen»[12]

denken.

Das eigentliche Hauptinteresse Feuerbachs richtet sich damit zunächst zwar nicht auf die Ethik, sondern auf das Verhältnis des Menschen zu sich selbst als der Voraussetzung jeder Ethik. In der Klärung dieser Stellung des Menschen zu sich selbst liegt die systematische Funktion der Idealismus- und Religionskritik Feuerbachs, die aber impliziert, dass die Ethik mit dem Wegfall der Religion auf ein neues Fundament gestellt werden muss. Das Fundament der Ethik Feuerbachs, die das Verhältnis des Menschen zu sich selbst zur Voraussetzung hat, kann aber wiederum nur der Mensch selbst sein.

«Anthropologie ist deswegen die neue Universalwissenschaft, weil sie statt der üblichen einzelwissenschaftlichen Parteinahme entweder für die Sache des Denkens oder die des materiellen Seins, die praktische Vermittlung zwischen beiden als Geschichtlichwerden der menschlichen Natur zur Aufgabe hat.»[13]

Für Feuerbach wird die Anthropologie deshalb zum Fundament einer Theorie, die den Entwurf einer Philosophie der Zukunft *für* den Menschen zur Aufgabe hat, da sie den Übergang des Menschen von Natur in Geschichte als «praktisches Vermittlungsverhältnis»[14] in den Blick nimmt. Daraus erklärt sich, dass Feuerbach sein Hauptaugenmerk auf das Individuum, auf den konkreten Menschen und sein praktisches Selbstverhältnis legt. Dieses praktische Selbstverhältnis stellt sich im Denken Feuerbachs aber als ein genuin dialogisches dar und enthält damit in sich bereits immer den Ausblick auf die gesamtgesellschaftliche Wirklichkeit. Wird so die ahistorische, transzendentale Wahrheit der Spekulation auf eine anthropologische Grundlage gestellt, so tritt an die Stelle der objektiven Allgemeinheit die Wahrheit der Individualität, die nicht in ihrer erkenntnistheoretischen Begründbarkeit, sondern in der Totalität menschlicher Gesamtpraxis wurzelt.

«Die Wahrheit ist nur die Totalität des menschlichen Lebens und Wesens.»[15] Feuerbach nimmt damit einen Wahrheitsbegriff in Anspruch, der eine «Perspektive der Sinn-Wahrheit»[16] der konkreten menschlichen Praxis einer rein begrifflich gefassten, allgemein und überhistorisch gültigen Wahrheit gegenübersetzt.

[12] Ebenda, S. 93.

[13] U. Reitemeyer, *Bildung und Arbeit zwischen Aufklärung und nachmetaphysischer Moderne,* Würzburg 2001, S. 92.

[14] Ebenda.

[15] *GPZ,* S. 97.

[16] F. Kaulbach, *Philosophie des Perspektivismus,* Tübingen 1990, S. 9.

Die Ablehnung der abstrakten Totalität des Hegelschen Systems, das der unmittelbaren Wirklichkeit ein Netz von Begrifflichkeiten zuordnet, das durch ein dem Menschen übergeordnetes Vernunftparadigma konstituiert wird und so vom Menschen selbst abzulenken scheint, impliziert den Versuch, dem Menschen wieder zu seinem Recht zu verhelfen, den Blick auf das einzelne Individuum und dessen Eigenverantwortung für sein Leben zu richten. Die Ablehnung der Vorrangstellung des metaphysischen Systems ist eine Ablehnung jeder übergeordneten Instanz, die dem Menschen Sinnerfüllung vorgibt und damit seine eigene, je individuelle Freiheit und Autonomie einschränken muss. Der Mensch selbst tritt an die Stelle, die im metaphysischen System die Allgemeinheit einnimmt, sei es in Gestalt von Gott, Geschichte oder Geist/Vernunft. Die Grundkonstituenten, in die Feuerbach dabei das Wesen des Menschen eingebettet sieht – Unmittelbarkeit, Leiblichkeit und Dialogizität – verbinden sich im Feuerbachschen Denken mit einer gewissen Prozesslosigkeit der Geschichte, da das Individuum eben nicht in einen vorgegebenen, unbedingt positiven Geschichtsverlauf eingebettet werden kann. Die Wiedereinsetzung des konkreten Individuums als Zentrum des Denkens ist dabei aber doppelbödig: in dem selben Masse, in dem seine Leiblichkeit, Unmittelbarkeit und dialogische Intersubjektivität betont werden, geht jedwede vorgängige Orientierung verloren. Die Feuerbachsche Grundintention macht somit auf den Entwurfscharakter der menschlichen Existenz aufmerksam, die sich aber nicht als ein vereinzeltes Sein entwirft, sondern seine Universalität im Bezug auf die Wahrheit der Gesamtheit menschlicher Praxis beizubehalten versucht. Der universelle Entwurfscharakter menschlichen Seins, d. h. die Fähigkeit des Menschen, sich reflexiv und entwerfend zum menschlichen Sein insgesamt zu verhalten, wurzelt aber bei Feuerbach aufgrund seiner Vermittlung des Denkens mit dem Sein über das Prinzip der Unmittelbarkeit nicht im Denken selbst, sondern kann nur in der vorgängigen Unbestimmtheit, Nichtfestgelegtheit seiner Natur gründen. Die Feuerbachsche Konzeption des universellen, nicht durch Transzendentalität beschränkten Wesens des Menschen lässt in ihren Grundzügen Rousseaus Theorie der Perfektibilität wiedererkennen, die die Natur des Menschen als unbestimmt und frei auf der Grundlage seiner allein naturgegebenen Fähigkeit, Fähigkeiten zu entwickeln, thematisiert.[17] Somit wird bei Feuerbach das reine Denken nicht wie bei Hegel zur konstitutiven Ursache menschlichen Seins, sondern stellt sich nur als «notwendige Folge und Eigenschaft des menschlichen Wesens»[18] dar. Der Mensch ist somit von Natur aus frei,

[17] Vgl. J.-J. Rousseau, *Abhandlung über den Ursprung und die Grundlagen der Ungleichheit unter den Menschen* [Discours sur les origines de l'inégalité, 1755], in: *Schriften,* hg. von H. Ritter, Frankfurt a. M. 1978, Bd. 1; ders., Emil oder Über die Erziehung [Emile ou de l'éducation, 1762], hg. von L. Schmidts, Paderborn u. a. 1987[8].

[18] *GPZ,* S. 94.

«denn Universalität, Unbeschränktheit, Freiheit sind unzertrennlich. Und diese Freiheit existiert nicht etwa in einem besondern Vermögen, dem Willen, ebensowenig diese Universalität in einem besondern Vermögen, der Denkkraft, der Vernunft – diese Freiheit, diese Universalität erstreckt sich über sein ganzes Wesen.»[19]

Nur über die freie, perfektible Natur des Menschen lässt sich sein in die Intersubjektivität eingebetteter, selbsttätiger, freier Lebensentwurf sinnlich begründen, der einen veränderten, Sinnlichkeit und Rationalität vereinigenden Begriff der Autonomie des Individuums im Gefolge hat.
Der Entwurfscharakter der perfektiblen Natur ergibt sich folgerichtig aus dem Bemühen Feuerbachs um eine Vollendung des Prozesses der Befreiung des Menschen aus der Vormundschaft Gottes, der zugleich einen auf dem Prinzip der Sinnlichkeit beruhenden Prozess der Befreiung des konkreten Individuums aus der Vormundschaft einer rein begrifflich vermittelten Subjektivität in sich beschliesst.

«Feuerbach als guter Kenner des Perfektibilitätsgedankens schliesst sich der gegen den Strom der rationalistischen Aufklärung Widerstand leistenden Skepsis hinsichtlich des Aufstiegs der Menschheit zu ihrer vollkommenen Gestalt an.»[20]

Es ist dieser in der Hypostasierung der begrifflichen Subjektivität gesetzte, unbedingt positive Entwicklungsprozess, der von Feuerbach sowohl in Form der idealistischen Bewusstseinsphilosophie Hegels als auch in Gestalt der Religion des Christentums als Versuch kritisiert wird, den konkreten Menschen von seiner je individuellen Eigenverantwortlichkeit abzuziehen und dem theoretisch zu entfliehen, was sich vermittelt über den bei Feuerbach praktisch gewendeten Begriff der Wahrheit der Unmittelbarkeit und der Perfektibilität der menschlichen Natur mit dem (post)modernen Begriff der Kontingenzerfahrung beschreiben lässt, die sich als Ausdruck eines sich in Differenz zu jeder wie auch immer verkappten Metaphysik setzenden Versuchs verstehen lässt, den Menschen als einen sich selbst und seine Geschichte praktisch entwerfenden in den Blick zu nehmen. Kontingenz bezeichnet zum einen jenen «Zufall in einem bestimmten philosophischen Sinne»,[21] der darauf aufmerksam macht, dass dem Menschen keine vorbestimmte, allgemeine Geschichte und Bestimmung eigen ist, keine vorgängige Sinnkonstitution *ausserhalb* der menschlichen Wirklichkeit. Kontingenz bezeichnet im negativen Sinne den Sachverhalt, dass die Umstände und Eigenschaften des je einzelnen Menschen eben nur zufällige sind, die auch ganz anders aussehen könnten. In gewissem Sinne bezeichnet der Begriff der Kontingenz, der sich jeder Form vorgefundener, feststehender Wahrheit widersetzt, eben jene Bedingungen und Umstände, die dem Individuum zu-fallen, und meint damit aber im positiven Sinne auch die Chan-

[19] Ebenda.
[20] U. Reitemeyer, Ludwig Feuerbachs skeptische Distanz zur Welt, a.a.O., S. 53f.
[21] W. Reese-Schäfer, *Richard Rorty,* Frankfurt a. M./New York 1991, S. 79.

ce, diese zufälligen Umstände, in denen sich das Individuum vorfindet, entwerfend ändern zu können.
Das Programm der Wiedereinsetzung des sinnlichen, konkreten, leiblichen Individuums bei Feuerbach lässt sich aber nicht verstehen als Programm einer Abschaffung des Vernunft- und Subjektivitätsprinzips, wie es die Postmoderne in vielerlei Formen versucht, sondern «nur» als radikaler Versuch der Schaffung eines neuen, in der Sinnlichkeit wurzelnden Fundamentes für beides gleichermassen, das über die durch den Wegfall der Religion und des spekulativen Vernunftsystems notwendig werdende Neubestimmung des praktischen Selbstverhältnisses des Menschen auch und gerade jene Kontingenzerfahrung in die Reflexion implizit aufnimmt.
Mit der Ablösung der spekulativen Philosophie und der Religion wird das Subjekt bei Feuerbach nicht nur in theoretischer Hinsicht frei, kontingent, da es auf wesentliche, vorgegebene Orientierungen verzichten muss, sondern es wird zugleich in praktischer Absicht angestossen, selbständig, selbsttätig zu werden. Die Einsicht in die Kontingenz erscheint somit als Chance der praktischen Selbstverwirklichung, als Chance des Selbstentwurfs, der nicht mehr an begrifflich konstitutive, sondern an sinnliche, sinnlich erfahrbare Prinzipien gebunden und damit *wirklich* wird.

«Das Wirkliche in seiner Wirklichkeit oder als Wirkliches ist das Wirkliche als Objekt des Sinnes, ist das Sinnliche. Wahrheit, Wirklichkeit, Sinnlichkeit sind identisch. Nur ein sinnliches Wesen ist ein wahres, ein wirkliches Wesen, nur die Sinnlichkeit Wahrheit und Wirklichkeit.»[22]

Die Sinnlichkeit spielt deshalb eine herausragende Rolle für den praktisch notwendig werdenden Selbstentwurf, weil nicht nur die Erfahrung des eigenen Ichs in seiner Leiblichkeit an die Sinnlichkeit gebunden, sondern ebenso unabdingbar mit der sinnlichen Erfahrung der Welt – bei Feuerbach gefasst als Natur – wie auch mit der unmittelbaren, sinnlichen Erfahrung des Du verknüpft ist. Die sinnliche Erfahrbarkeit des Du ist für das Wesen des Menschen und für eine Neubestimmung einer ethischen Grundlage des Menschseins deshalb unabdingbar notwendig, weil das Wesen des Menschen genuin dialogisch ist. Daher ist auch die «wahre Dialektik», die als Grundlage der neuen Philosophie zu gelten hat,

«kein Monolog des einsamen Denkers mit sich selbst, sie ist ein Dialog zwischen Ich und Du.»[23]

Damit wird auch Ethik nur aus dem Dialog mit dem konkreten Mitmenschen begründbar bzw. überhaupt formulierbar und gründet sich auf kein stärkeres Motiv als auf eine intersubjektiv begründete Solidarität, die bei Feuerbach allerdings noch stärker als Motiv der über die Selbstliebe vermittelten Liebe zum Ausdruck kommt. Letztendlich gründet die Liebe in

[22] *GPZ,* S. 75.
[23] *GPZ,* S. 98.

der Sinnlichkeit und die Sinnlichkeit in der erfahrbaren Liebe, und so wird dieses unabdingbare Wechselverhältnis nicht nur zur Grundlage des praktischen Selbstverhältnisses des Menschen, sondern zur Wahrheit selbst.

«Wenn die alte Philosophie sagte: Was nicht gedacht ist, das ist nicht, so sagt dagegen die neue Philosophie: Was nicht geliebt wird, nicht geliebt werden kann, das ist nicht. (...) Wie aber objektiv, so ist auch subjektiv die Liebe das Kriterium des Seins – das Kriterium der Wahrheit und Wirklichkeit. Wo keine Liebe ist, ist auch keine Wahrheit.»[24]

Die Sinnlichkeit und die bei Feuerbach für den praktischen Selbstentwurf, das praktische Selbstverhältnis des Menschen wesentlichen Prinzipien der Unmittelbarkeit, Leiblichkeit und Dialogizität fangen somit die Kehrseite der Kontingenzerfahrung, den Verzicht auf überindividuelle Orientierungsmöglichkeiten, praktisch auf. Da diese drei Prinzipien der Unmittelbarkeit, der Leiblichkeit und der Dialogizität in sich erfassende Sinnlichkeit des Menschen bei Feuerbach an die Leerstelle tritt, die sich nach dem Bruch mit den Systemen – sei es der Religion oder der Philosophie – notwendig ergibt, erscheint die im Denken Feuerbachs implizite Kontingenzerfahrung eher als ein weniger beachtetes Phänomen, dessen Konsequenzen im Denken Rortys noch einmal in radikaler Weise zum Ausdruck kommen.
Rortys Neubestimmung der Aufgaben und Inhalte von Philosophie speist sich vor allem aus den theoretischen und praktischen Konsequenzen der linguistischen Wende. Auf der Ebene des Begriffs der Autonomie muss die Philosophie weitgehend auf die Vorstellung des seit Kant traditionellen Autonomieideals der vernünftigen Selbstgesetzgebung des Subjekts verzichten, mit sprachphilosophischen Mitteln wird die Möglichkeit individueller, sprachunabhängiger Sinnkonstitution und moralischer Orientierung in Zweifel gezogen, das Individuum scheint sich einem vorgängig gegebenen System empirischer, gesellschaftlicher und sprachlicher Beziehungen einfügen zu müssen, aus dem es sich nicht mehr auf transzendentalem Wege lösen und emanzipieren kann. An die Stelle des sich durch Vernunft selbst konstituierenden Subjekts tritt ein Individuum, das über sprachliche, kommunikative und bei Rorty vor allem über ästhetische Kompetenzen Autonomie erlangt. Die Versuchung der sprachanalytischen Philosophie, dabei an die Stelle eines überindividuell konzipierten Bewusstseins die Sprache als allmächtig vermittelndes Medium zwischen Ich und Welt zu setzen, möchte Rorty jedoch verhindert wissen:

«Derrida hat uns warnend erklärt, dass eine solche Apotheose der Sprache nur eine übersetzte Version der idealistischen Apotheose des Bewusstseins wäre.»[25]

[24] *GPZ,* S. 78.
[25] R. Rorty, *Kontingenz, Ironie und Solidarität,* Frankfurt a. M. 1989, S. 34 (im Folgenden zitiert als *KIS*).

Die Vermeidungsstrategie, die Rorty hier anwendet und die vor allem verhindern will, dass ein überkommenes Paradigma lediglich durch ein anderes ersetzt wird, lässt in systematischer Hinsicht Parallelen zu Feuerbach erkennen, der den vom deutschen Idealismus Hegels entlassenen übermächtigen geistrationalen Vernunftbegriff um die Dimension der Sinnlichkeit ergänzen und nicht durch eine Vereinseitigung der Sinnlichkeit ersetzen will.[26]
Auch der Begriff der Intersubjektivität durchläuft – angestossen durch Einsichten der linguistischen Wende – eine Entwicklung, die Intersubjektivität nicht als transzendental begründete moralische Gemeinschaft autonomer Subjekte, sondern als Form der Vergesellschaftung begreift, die auf der Vorstellung einer Sprachgemeinschaft beruht, innerhalb derer kommunikativ kompetente Individuen sich miteinander über gesellschaftliches Handeln und ihren ästhetischen Lebensentwurf verständigen.
In Bezug auf das Problem der Objektivität lassen sich ebenso tiefgreifende Veränderungen festmachen: da sowohl die individuelle Sinnkonstitution des Subjekts als auch die Möglichkeit objektiver Erkenntnis durch die Kritik an der Bewusstseinsphilosophie zur Disposition steht, stellt sich die Frage nach der Möglichkeit einer philosophisch fundierten Begründung und Rechtfertigung von Normen individuellen und gesellschaftlichen Lebens um so dringlicher. Der Rekurs auf einen objektiven Wahrheitsbegriff, durch den Normen orientiert und theoretisch begründet werden könnten, scheint versperrt, da er in zu grosse Nähe metaphysischer Begründungsstrukturen gerät, die ein theoretisch sicher fundiertes Vernunftsystem voraussetzen, von dem die Philosophie heute so nicht mehr ausgehen will und das schon Feuerbach einer radikalen Kritik unterzog. Damit ergibt sich aber für die Frage nach der Möglichkeit einer allgemeingültigen Begründung von Normen und einer an diesen orientierten Gesellschaft ein Dilemma, das sich nicht zuletzt an der immer wieder aufbrechenden Diskussion um den Wertezerfall in heutigen, posttraditionalen Gesellschaften ablesen lässt. Wenn im Zentrum der Postmoderne-Moderne-Debatte in ihren Anfängen vor allem eine radikale Fortsetzung der Vernunftkritik steht, so treten doch in ihrem Verlauf mehr und mehr wieder ethische und moralische Fragen der praktischen Philosophie in den Vordergrund, die zwar noch immer den Universalismus der Moderne abzulehnen versuchen und sich dennoch vom Vorwurf des ethischen Relativismus freizusprechen versuchen, der darauf gründet,

[26] Vgl. U. Reitemeyer, Apotheose der Sinnlichkeit?, in: H.-J. Braun u. a. (Hg.), *Ludwig Feuerbach und die Philosophie der Zukunft,* Berlin 1990, S. 259-284.

«dass es zu einer Unbestimmtheit in ethisch-politischer Hinsicht führen muss, wenn sich das Programm der philosophischen Kritik in der sprachtheoretischen Subversion der Metaphysik erschöpft»[27].

Es ist aber genau jener Vorwurf des Relativismus, gegen den sich Rorty, der sich als Pragmatist bezeichnet wissen will, vehement zur Wehr setzt:

«Aber der Pragmatist vertritt keine Theorie der Wahrheit, erst recht keine relativistische. Da er auf Seiten der Solidarität steht, hat seine Darstellung des Werts der kooperativen menschlichen Forschung keine erkenntnistheoretische oder metaphysische Basis, sondern nur eine ethische. Da er *keine* Erkenntnistheorie vertritt, vertritt er a fortiori keine relativistische.»[28]

Damit ist bereits eines der Hauptmotive des Rortyschen Denkens vorweggenommen. Philosophie, die sich ihre Aufgaben gleichberechtigt mit allen anderen Bereichen der menschlichen Kultur – wie Kunst, Wissenschaft, Politik etc. – teilen soll, ist nicht länger objektivistisch-wissenschaftliche Theorie, sondern vor allem Ausdruck von Hoffnung auf eine praktisch zu verwirklichende Solidarität, die nicht zuletzt Ausdruck und Motivation im ästhetischen Lebensentwurf findet, mit diesem aber theoretisch nicht mehr über einen Begriff der objektiven Wahrheit vermittelbar sein kann und muss. Rorty möchte die Einsicht verdeutlichen,

«dass die Solidarität als unser einziger Trost gilt, und (...) dass sie keiner metaphysischen Stützung bedarf».[29]

Den Pragmatismus kennzeichnet Rorty in dreifacher Hinsicht. Als Theorie lehnt der Pragmatismus die Vorstellung ab, es gebe ein spezifisches, immanentes Wesen von Wahrheit, Erkenntnis, Sprache und Moralität. Die Wahrheit lässt sich dabei nur beschreiben als etwas, das für das gegenwärtige Leben nützlich sein könnte und diese Beschreibung kann sich nur am Vokabular der Praxis orientieren, nicht aber aus den Prämissen abstrakten Denkens legitimieren. Zweitens akzeptiert die pragmatische Perspektive keine erkenntnistheoretische spezifische Differenz zwischen Tatsachen und Werten, d. h. zwischen Wissenschaft und Moralität. Die Tendenz der philosophischen Tradition, der Wahrheit der Lebenspraxis die Wahrheit einer überindividuellen Wirklichkeit vorzuordnen, ist dabei nach Rorty den Idealisten des 19. Jahrhunderts ebenso eigen wie den Wissenschaftstheoretikern des 20. Jahrhunderts und muss überwunden werden. Die dritte Bestimmung des Pragmatismus speist sich aus der Einsicht, dass die Philosophie – wie jede andere Theorie verstanden als Beschreibung von Welt – keinen Vorrang vor anderen Diskursen hat, dass Beschreibungen der Welt keinen von aussen gesetzten Beschränkungen unterliegen dürfen, sondern

[27] A. Honneth, *Das Andere der Gerechtigkeit. Aufsätze zur praktischen Philosophie,* Frankfurt a. M. 2000, S. 133.

[28] R. Rorty, *Solidarität oder Objektivität? Drei philosophische Essays,* Stuttgart 2001, S. 16 (im Folgenden zitiert als *SuO*).

[29] *SuO,* S. 29.

sich nur aus der Akzeptanz des gemeinschaftlichen, gleichberechtigten Dialogs mit anderen motivieren kann. Aus der Angewiesenheit auf die Gemeinschaftlichkeit mit anderen Menschen und Theorien ergibt sich dabei die Forderung nach Solidarität als einzig verbleibender Hoffnung und

«unsere Identifikation mit unserer Gemeinschaft – unserer Gesellschaft, unserer politischen Tradition, unserem intellektuellen Erbe – wird verstärkt, wenn wir diese Gemeinschaft als die unsere statt als eine naturgebundene ansehen, als geformt, statt gefunden, eine unter vielen, die von Menschen geschaffen wurde.»[30]

Eines der wichtigsten Probleme, mit denen sich die Philosophie der Moderne beschäftigt, ist der Versuch einer Begründung der Einzigartigkeit des Menschen. Dieser Beweis ist nicht zuletzt eine der grossen Motivationen der Aufklärungsphilosophie, vor allem in Gestalt der Erkenntnistheorie oder Bewusstseinsphilosophie, die die Einzigartigkeit des Menschen über die Selbstkonstitution des menschlichen Selbstbewusstseins qua Vernunft objektiv zu begründen versucht. Rorty möchte mit seiner Konzeption darauf aufmerksam machen, dass die Frage des Bewusstseins bzw. der erkenntnistheoretischen Begründung des Bewusstseins nicht mit der Frage nach der Vernunft oder der individuellen Person verwechselt werden darf, da die Einzigartigkeit des einzelnen Individuums oder der Person heute nicht mehr über die konstitutive Bewusstseinsleistung des Subjekts erkenntnistheoretisch begründet werden kann, sondern vielmehr auf einem durch ästhetische Momente bestimmten Selbstentwurf des Menschen beruht. Der auch schon von Feuerbach kritisierte monologische, quasi überindividuelle Selbstbezug des erkenntnistheoretisch begründeten Subjekts, an dessen Stelle Feuerbach das leiblich-dialogische Individuum zu setzen versucht, wird also auch zu einem zentralen Moment der Kritik Rortys an den Konsequenzen der Bewusstseinsphilosophie des deutschen Idealismus, der die Philosophie der Moderne in so starkem Masse prägt.

«Unsere unverbrüchliche Einzigartigkeit besteht in unserem poetischen Vermögen, einzigartige und dunkle Dinge zu sagen, nicht in unserem Vermögen, gewisse Trivialitäten nur zu uns selbst sagen zu können.»[31]

Das positive Bild, das Rorty von der Individualität des Menschen veranschlagt, stellt sich also dar als poetische Selbsterschaffungskonzeption, die das die Philosophie der Moderne so lange beherrschende Paradigma des Leib-Seele-Problems, das sich auch in Feuerbachs Kritik an diesem Dualismus ausdrückt, nicht mehr als Grundproblem der Philosophie anerkennen will, da sie ebenso wie Feuerbachs Konzeption des leiblichen Individuums die Verknüpfung von einzigartiger Individualität mit einer begriff-

[30] R. Rorty, *Consequences of Pragmatism. Essays 1972-1980,* Brighton 1982, S. 166 (zitiert nach W. Reese-Schäfer, *Richard Rorty,* a.a.O., S. 129).

[31] R. Rorty, *Der Spiegel der Natur. Eine Kritik der Philosophie,* Frankfurt a. M. 1984², S. 141 (im Folgenden zitiert als *SN*).

lich strukturierten Vernunft oder einem erkenntnistheoretischen Bewusstsein nicht mehr als zentral ansieht. Das Problem des Leib-Seele-Dualismus sieht Rorty in dem Fehler der Bewusstseinsphilosophie verortet, einen vermeintlich metaphysischen, in Wirklichkeit aber erkenntnistheoretisch privilegierten Zugang des Subjekts zum Bereich der Vernunft anzunehmen, der andere Erkenntnismöglichkeiten, wie beispielsweise die von Feuerbach in den Blick genommene Sinnlichkeit, die allerdings bei Rorty ästhetisch gewendet wird, ausschliessen zu müssen scheint.
Rortys umfassende Kritik an der abendländischen Philosophie der Moderne setzt somit an der Idee einer möglichen Erkenntnistheorie an, die Wahrheiten über das Wesen des Menschen objektiv begründen zu können meint. Insofern richtet sich das Denken Rortys insbesondere gegen Kant, der die Erkenntnistheorie zur Fundamentaldisziplin der Philosophie macht. Der grundsätzliche Begründungszusammenhang der Erkenntnistheorie wird sich nach Rorty «erst bei Kant seiner selbst bewusst»[32] und findet dann bei Hegel seinen metaphysisch-dialektischen Höhepunkt. Es ist aber der theoretische Kern der Kantischen Philosophie gegen den sich Rorty wendet, keinesfalls der praktische Anspruch, der ebenso untrennbar mit der Aufklärungsphilosophie Kants verbunden ist. So wie Rorty einen Vorrang der Demokratie vor der Philosophie fordert, spiegelt er im Grunde den Primat der moralisch-praktischen Vernunft, unter dem die gesamte Philosophie Kants zu interpretieren ist, und kritisiert lediglich deren erkenntnistheoretische Fundierung. Diese Fundierung der Philosophie in den paradigmatischen Problemen der Erkenntnistheorie führt für Rorty dazu, dass die Philosophie «für die Intellektuellen zum Ersatz für die Religion»[33] wird.

> «Sie war die kulturelle Dimension, in der man auf den Grund vorstiess und das Vokabular und die Überzeugungen fand, mittels deren man seine Tätigkeit als Intellektueller zu erklären und rechtfertigen vermochte, in der man demnach den Sinn des eigenen Lebens ausfindig machen konnte.»[34]

Rorty will die

> «Heilung der Philosophie von der Wahnvorstellung, dass es erkenntnistheoretische Probleme gibt»[35]

erreichen. Dabei bleibt aber bei Rorty eine Trennung des Öffentlichen vom Privaten, der gesellschaftlichen Solidarität von der poetischen Selbsterschaffung unumgänglich. Es

> «bleibt die alte Spannung zwischen dem Privaten und dem Öffentlichen bestehen. Historisten, bei denen der Drang nach Selbsterschaffung, nach privater Autonomie,

[32] *SN*, S. 150.
[33] *SN*, S. 14.
[34] Ebenda.
[35] *SN*, S. 254.

vorherrschend ist (zum Beispiel Heidegger und Foucault), haben immer noch eine Neigung dazu, Sozialisation mit den Augen Nietzsches zu sehen – antithetisch zu einer Instanz tief in uns. Historisten, bei denen der Wunsch nach einer Gemeinschaft mit mehr Gerechtigkeit und mehr Freiheit vorherrscht (zum Beispiel Dewey und Habermas), neigen noch immer dazu, den Drang nach privater Vervollkommnung als anfällig für ‹Irrationalismus› und ‹Ästhetizismus› anzusehen. (...) Mir ist wichtig, dass wir nicht versuchen, eine Entscheidung zwischen ihnen zu treffen, sondern beiden gleiches Gewicht geben und sie dann zu verschiedenen Zwecken nutzen.»[36]

Im Zentrum des Rortyschen Denkens steht daher der Begriff der Kontingenz, der bei Feuerbach – angestossen durch einen über die Perfektibilität der menschlichen Natur begründeten veränderten Wahrheitsbegriff, der eher als ein aus der zu entwerfenden menschlichen Praxis heraus sich entwickelnder zu begreifen ist denn als ahistorische Instanz, – bereits thematisiert wurde und von Rorty radikalisiert wird. Der grundsätzliche Gedanke der Kontingenzerfahrung ist also keineswegs neu und tritt – als Widerpart zum Begriff der Wahrheit – immer dann auf den Plan, wenn das philosophische Denken sich gegen überkommene Paradigmen zu sträuben beginnt. Er speist sich aus der – wie Rorty formuliert – Einsicht, dass Wahrheit nicht gefunden, sondern gemacht wird.[37] Diese Einsicht lässt sich zunächst verstehen als Ausdruck des tätigen Selbstbezugs des Menschen, der einen nicht vorher festgelegten Entwurf menschlichen Lebens notwendig macht. Dieser Gedanke findet sich – wie bereits gezeigt wurde – im beginnenden Prozess der sich selbst in Frage stellenden Aufklärung selbst, namentlich in der Theorie der Perfektibilität bei Rousseau, die immer beide Möglichkeiten beinhaltet, sowohl den Erfolg als auch das Scheitern des Entwurfs, sei es nun auf individueller oder gesamtgesellschaftlicher Ebene und ebenso in der anthropologischen Konzeption Feuerbachs. Man muss also nicht unbedingt eine postmoderne Position einnehmen, um zu einer Auffassung des Ichs zu kommen, die die Gestaltungsmöglichkeit und -notwendigkeit menschlichen Lebens in den Blick nimmt.
Wird bei Feuerbach der selbsttätige Sinnbezug der perfektiblen Natur der Vorbestimmung des transzendentalen Vernunftsystems gegenübergesetzt, so erhebt Rorty mit der Einsicht in die kontingenten Rahmenbedingungen menschlichen Handelns und Seins die Forderung,

«dass wir mit der Formulierung von Theorien der ‹Wahrheit› oder der ‹Erkenntnis› Schluss machen, (...) die Hoffnung hinter uns lassen, die Philosophie werde irgendeine Verbindung herstellen zwischen uns und einer ahistorischen, absoluten Instanz.»[38]

Im Mittelpunkt der Betrachtung steht dabei die Einsicht in die Kontingenz des Selbst – begleitet von der Vorstellung der Kontingenz der Sprache und der Kontingenz des Gemeinwesens – die zu der Konzeption eines Ichs

[36] *KIS,* S. 12.
[37] Vgl. *KIS,* S. 27ff.
[38] *SuO,* S. 5.

ohne Zentrum führt – die in Rortys Idealvorstellung einer Kultur ohne Zentrum ihre Entsprechung findet.

Die These vom Ich ohne Zentrum, die ein die postmoderne Subjektkritik prägendes Motiv zum Ausdruck bringt, ist nicht so radikal, wie es auf den ersten Blick scheint, wenn man sich den Rückbezug auf Feuerbachs Transformation der Perfektibilitätstheorie in eine Theorie des konkreten, sinnlich-leiblichen Individuums noch einmal vergegenwärtigt. Feuerbach belässt zwar dem Individuum seine individuelle Sinnorientierung, indem er gerade das Wesen des Menschen, dessen Existenz Rorty als immanentes abzustreiten scheint, zum Gegenstand der Philosophie macht, lässt der philosophischen Reflexion aber zugleich keinen anderen Sinnbezug als eben diesen Bezug des Menschen auf den Menschen selbst, dessen Natur aber gerade wesenhaft als erst zu entwerfende sowohl auf individueller als auch auf gesellschaftlicher Ebene unbestimmt bleibt. Feuerbach konzipiert ein Wesen des Menschen, das in seiner dialogischen Ursprünglichkeit die subjektive Allgemeinheit des Menschen als Gattungswesen noch nicht aufgeben will, was aber weniger einer unvollständigen Konzeption des freien Individuums als vielmehr Feuerbachs Eingebundensein in die Metaphysikkritik des 19. Jahrhunderts anzulasten wäre, die an die Stelle der vom Christentum postulierten Abhängigkeit des menschlichen vom göttlichen Sein und der quasi-religiösen Transzendentalität des Hegelschen Systems des Bewusstseins erst die menschliche Gattung als rein diesseitige, rein anthropologisch begründete setzen muss, bevor sie den Menschen in seiner einzigartigen Unbestimmtheit und gleichzeitig auf die Zukunft bezogenen Interpersonalität in den Blick nehmen kann.

Wenn auch das Pathos und die Emphase, mit der Feuerbach dieses Wesen des Menschen beschwört, dem aktuellen Denken unzeitgemäss erscheinen mögen, das sich entweder sachlich-nüchtern auf letztmögliche Begründungsstrukturen zurückzieht (Habermas) oder in romantisch anmutender Weise die poetische Selbsterschaffungskraft des Menschen betont, so lässt sich doch die in der von Feuerbach als frei und im Entwurf unbeschränkt gedachten menschlichen Natur implizite Kontingenzerfahrung durchaus mit dem von Rorty radikalisierten poetischen Selbsterschaffungsmotiv zusammendenken. Dem poetischen Selbsterschaffungsmotiv bei Rorty liegt die Gestalt der «liberalen Ironikerin» zugrunde. «Liberale» sind für Rorty die Menschen,

«die meinen, dass Grausamkeit das schlimmste ist, was wir tun.»[39]

«Ironikerin» nennt Rorty

«eine Person, die der Tatsache ins Gesicht sieht, dass ihre zentralen Überzeugungen und Bedürfnisse kontingent sind – (...) jemanden, der so nominalistisch und historistisch ist, dass er die Vorstellung aufgegeben hat, jene zentralen Überzeugungen und

[39] *KIS,* S. 14.

Bedürfnisse bezögen sich zurück auf eine Instanz jenseits des raum-zeitlichen Bereiches. Liberale Ironiker sind Menschen, die zu diesen nicht auf tiefste Gründe rückführbaren Bedürfnissen auch ihre eigenen Hoffnungen rechnen, die Hoffnungen, dass Leiden geringer wird, dass die Demütigung von Menschen durch Menschen vielleicht aufhört.»[40]

Aus Rortys Idealbild der «liberalen Ironikerin» lässt sich ein ästhetisch gewendeter Entwurf der Individualität gewinnen, die aus der Grundeinsicht, dass alle Überzeugungen kontingent sind und sich auf kein vorher feststehendes Wahrheitsparadigma festlegen lassen, dem es zu entsprechen gälte, offen wird für den Dialog und die Solidarität mit den anderen, die in Feuerbachs Grundintuition, die die Liebe und die Angewiesenheit auf das Du zum treibenden moralischen Motivationsprinzip machen will, eine Entsprechung findet, denn das Prinzip der Liebe beinhaltet die (moralische) Einstellung, dass der Andere, das Du, in seiner je individuellen Einzigartigkeit und gleichzeitig als Mensch überhaupt schützenswert ist. Diese Einsicht findet sich aber als Grundmotiv auch im Rortyschen Denken und es ist nicht leicht zu sehen, warum Rorty auf jede Theorie von der Natur oder dem Wesen des Menschen verzichten muss, da die inhaltliche Unbestimmtheit z.B. der Feuerbachschen Konzeption der menschlichen Natur, der Grundintention und der Freiheit eines ästhetisch gewendeten Lebensentwurfs nicht direkt zu widersprechen scheint. Dieser ästhetisch gewendete Entwurf lässt Raum für eine Form der Individualität, die sich in ihrem Selbstverhältnis nicht beständig die Macht des Allgemeinen aufbürden muss.

Es lohnte ein genauerer Blick auf die Frage, ob die Sinnlichkeit, mit der bei Feuerbach das Prinzip der Individualität angereichert wird, nicht auch für eine postmoderne, ästhetisch ausgerichtete Konzeption des sich selbst und seine Gemeinschaft bestimmenden und entwerfenden Menschen anschlussfähig bleibt, die in der naheliegenden Verbindung von Sinnlichkeit und Ästhetik ihren Ausdruck fände. Die Sinnlichkeit könnte auf diese Weise erneut zu einem praktisch notwendigen Prinzip der an der Praxis ausgerichteten Reflexion werden.

Die Feuerbachsche Wiedereinsetzung des sinnlich-leiblichen Individuums besticht gerade in Zeiten der dezentrierten Autonomievorstellung im Gefolge der postmodernen Subjektkritik und der Depersonalisierung im Zeitalter von Globalität und neuen Medien, in denen von der Notwendigkeit unmittelbarer sinnlicher Erfahrung zu sprechen beinahe unangemessen erscheint. Information und Kommunikation – beides nur vermittelt vorstellbar – treten an die Stelle von Unmittelbarkeit und Dialog. Die Postmoderne oder, will man einen Schritt weitergehen, das globale Zeitalter setzt nicht auf Unmittelbarkeit, sondern auf Vermittlung, die nicht nur dem Subjekt seine überindividuelle Orientierung nimmt, sondern noch

[40] Ebenda.

dem Individuum seine individuelle. Das Denken Rortys, das um das Verhältnis einer ästhetisch bestimmten Individualität und einer auf einem abgeschwächten Wahrheitsbegriff beruhenden Solidarität kreist, nimmt dabei die Stellung eines lohnenswerten Versuchs ein, den nach Synthetisierung strebenden Zeitgeist in pragmatistischer Absicht zu erfassen und die Hoffnung auf eine humanere Zukunft nicht aufgeben zu müssen. Rorty und Feuerbach treffen sich trotz sicherlich notwendiger Differenzierungen nicht nur in ihrem Anspruch der Kritik, der sich gegen die Zementierung feststehender Wahrheiten sträubt, sondern vor allem in ihrem Bemühen, die theoretische Reflexion an die konkrete menschliche Praxis zu binden. In diesem Sinne lohnt sicher nicht nur ein Rückblick auf eine mögliche Aktualisierung Feuerbachs, sondern ebenso umgekehrt ein mit Motiven des Feuerbachschen Denkens zu ergänzender Blick auf mögliche Perspektiven zukünftiger praktischer Philosophie.

Jenseitsvorstellungen in religionskritischer Hinsicht. Ludwig Feuerbachs Aktualität

Hans-Jürg Braun

1.

Die Thematik *Jenseitsvorstellungen in religionskritischer Hinsicht* von den Phänomenen her anzugehen, lässt eine einleitende Bemerkung zur Diskussion heute, wie sie der Religion zuteil wird, sinnvoll erscheinen. Von Religion bzw. religiösen Phänomenen ist nach wie vor und in vermehrtem Masse die Rede.

Zweifelsohne ist der Themenbereich, den die Begriffe Religion und Gesellschaft charakterisieren, aktuell bzw. gilt immer wieder als gesellschaftlich relevant. Wird von Religion und Gesellschaft in alltäglichem Verstand gehandelt, so erhebt sich im Verlaufe der Überlegungen gelegentlich auch die Frage nach dem Religion ermöglichenden Letzten: dem Kern allen religiösen Erlebens und Verhaltens. Wo Religion und Gesellschaft als Hauptthemen in einer vorab die erstere anzielenden Diskussion erscheinen, kann am Ende die Wesensfrage nicht mehr ausgeklammert werden. Die Wesensfrage als eine der Philosophie und ihrem Bemühen um Erkenntnis ursprünglich zukommende hatte in der Phänomenologie Edmund Husserls ihren folgenreichen Stellenwert. Sie wurde in die spezielle Phänomenologie der Religion übernommen, um so im Blick auf Religion den diese stiftenden Kern zu finden.

Religion funktioniert nach heutzutage verbreiteter Sicht im gesellschaftlichen Kontext, der als ganzer von weiteren Systemen gebildet und mitbestimmt wird. Die nach Auffassung der Systemtheorie sich ausdifferenzierende Gesellschaft hat in der Neuzeit für die Religion einen ihr bis dahin nicht zuerkannten Stellenwert formuliert. Man spricht von Religion in ihrer gesellschaftlich bedeutsamen Funktion als der aus ihrem zentralsten Fundus sich speisenden Bewältigung von Kontingenzen, man spricht von Religion als einem das Religiöse in säkularisierte Räume tragenden Subsystem, welches sich in der Zivilreligion ein neuartiges Feld geschaffen hat. In solcher Diskussion aber ist nicht vorrangig Religion in ihrem sie ermögli-

chenden Kern das Thema, sondern religiöse Rede in weitestem Verstand, die als entscheidende Ausdruckskapazität der Religion zu gelten hat. Bemerkenswert ist eine gezielte Ausblendung des in der Phänomenologie der Religion auf den Leuchter gestellten Eigentlichen, des Numinosen, das sich als das erzeigt, das anders ist als alles sonst in der Welt Befindliche. Religion berührt mit dem in der Phänomenologie thematisierten Numinosen den Bereich, der hinausreicht in eine Zone, von der Rudolf Otto gesagt hat, sie sei die des Irrationalen und damit des Göttlichen bzw. des Heiligen.
Eine funktionale Betrachtung, die sich auf die Pole von Religion und Gesellschaft als interdependente systemische Grössen eingrenzt, steht somit gegen eine phänomenologische Betrachtung der Religion, weil letztere über Religion Aussagen macht, deren Wissenschaftlichkeit in kritisch-rationaler Diskussion gelegentlich umstritten ist, dass man hier sogar ein kryptotheologisches Intentum unterstellen möchte.
In diesem Spannungsfeld von funktionaler Betrachtung und Phänomenologie der Religion entspringt die Frage nach kritischer Aufarbeitung dessen, woraus Religion resultiert und immer resultieren wird. Auch Religionskritik befasst sich mit dieser Problematik. Sie ist – allgemein gesprochen – jenes Geschäft, das in einem ersten Schritt die formelle und inhaltliche Rücknahme des religiösen Wesens auf den Menschen und sein Menschsein mit allen Möglichkeiten versucht.
Derjenige Denker des 19. Jahrhunderts, der dies mit grösstem Erfolg zu tun vermag und dessen Name sich seither mit dem Begriff von Religionskritik unlösbar verbindet, ist Ludwig Feuerbach. Religionskritik vermittelt bis zur Wende von 1989 neben Feuerbach die Namen insbesondere von Marx, Lenin und Mao, von denen in ihrer Selbstinterpretation sowie der Interpretation ihrer Anhänger gesagt wird, sie seien die Feuerbach einzig adäquat Weiterführenden. Aber auch der in westlichen Bereichen entsprungene religionskritische Impetus bleibt im Rückgriff auf Feuerbachs Denken als das für eine aktuelle Betrachtung des Religiösen entscheidende Bemühen.
Der subjektive Vollzug dessen, was als Religion bzw. religiöses Erleben und Verhalten deklariert wird, ist das eine Feld der Betrachtung, das Ludwig Feuerbach in ungewöhnlichem Masse durch sein ganzes Werk hindurch zu diskutieren weiss. Dieser religiöse Akt bezeichnet freilich nur die eine Seite, das zu Intendierende, das Göttliche, der Gott und das, was er zu gewähren vermag (z.B. Heil, Gnade etc.), erscheint als die andere Seite des gesamten religiösen Komplexes. Worum es in religionskritischer Betrachtung geht, ist die von Feuerbach vollzogene Reduktion auf den Menschen, welche die Frage bzw. den Versuch einer Beantwortung derselben erzeugt: Wo lässt sich der Veranlasser bzw. der alles auf sich beziehende letzte Punkt religiösen Verhaltens aufweisen? Genau hier ist das Problem, das die Funktionalisten, wenn sie über Religion und Gesellschaft sprechen, aus-

klammern. Wer aber vom religiösen Akt und einem Intentum, worauf sich der Akt richtet, zu sprechen beabsichtigt, hat die Struktur, die Religion grundlegend bestimmt, ins Blickfeld gerückt. Er wird mit Vorteil nach Illustrationen suchen, die dieses Schema farbig und griffig machen. Ein Thema, welches hierzu in hohem Masse geeignet sein dürfte, ist das der Jenseitsvorstellungen, weil sich unschwer zeigen lässt, wie diese mit Vorstellungen im Bereich des Diesseits kongruieren – jedenfalls sehr häufig, aber doch stets ein ausdrücklich Transzendentes intendieren.
Jenseitsvorstellungen sind nur scheinbar ein Spezial- oder Randthema, wenn es um Religion geht. Vielmehr zentriert sich in ihnen die Grundproblematik des Menschen als eines sterblichen Wesens, das mit seiner Endlichkeit zum Tode seine Beschwernis hatte und hat. Weil der Tod keine gloriose Aktion darstellt, sondern in äusserster Brutalität auf den Menschen zukommt, bedarf es nicht nur vorlaufender Entschlossenheit, um die Eigentlichkeit als Gewähr für erreichte Ganzheit zu finden, sondern auch einer zu erlangenden Gewissheit über den Status, der als nachtodlich gilt.
Was geschieht im Tod – im Blick auf das Jenseits bzw. Vorstellungen von ihm? Sicher ein Abschluss und Übergang in ein anderes Sein. Die Dunkelheit, das Nichtmehreinsehbare, das dann beginnt, erweckt Fragen und provoziert Antworten. Im Bewusstsein dieses Übergangs, der hiesiges Bewusstsein auslöscht, wurzelt der immer neu aufbrechende Impuls, der Jenseitsvorstellungen kreiert.

2.

Ludwig Feuerbach hat die Frage nach einer Jenseitswelt auf dem Wege über das Thema der Unsterblichkeit bereits in seiner Frühzeit aufgegriffen – und zwar in seinen ihm die akademische Karriere verunmöglichenden *Gedanken über Tod und Unsterblichkeit* (1830). Unsterblichkeit als Ziel der Sehnsucht des Einzelnen nach persönlicher Fortexistenz über den Tod hinaus und der Gedanke des Jenseits gehören zusammen. Persönliche Unsterblichkeit hat nur dann Bedeutung, wenn die nachtodlich weiterexistierende Person, freilich in anderer Weise, eben der einer unsterblichen Seele, eine ihr entsprechende ewige Heimat findet. Die irdische Erfahrung des Vergänglichen, die der Mensch nicht zu akzeptieren vermag, wie der junge Feuerbach aufweist, treibt zur Vorstellung eines Jenseits und dem mit diesem verbundenen Postulat von Ewigkeit. Bekanntlich hat Feuerbach die überkommene theologische Theorie schon damals in seinen Überlegungen zur Religionskritik als weltflüchtig destruiert. An Stelle dieser fordert er Akzeptation bzw. entschlossenes Vorlaufen in den mystischen Tod. Dies kann nur erfolgen, wenn die Loslösung von allem, was die irdische Welt zu bieten vermag, in weitreichendem Masse geschieht bzw. vor dem Eingang in den mystischen Tod schon geschehen ist. Dass sich damit keineswegs

Isolation als bittere Erfahrung koppelt, bekundet der junge Feuerbach mit begeisternden Hinweisen auf die Liebe zu einem Anderen. Im Falle der Religion: zu dem Anderen des Göttlichen, das zugleich und ineins mit mir und nur mit mir als Mensch zu denken und zu erfahren ist. Liebe als Hingabe an den Anderen, der als Mitmensch wie als Gottheit existenziell wichtig wird, ist bereits der mystische Tod selbst.

In seinem ihn auf den Gipfel des Ruhmes bringenden Werk von 1841 *Das Wesen des Christentums* schreitet Feuerbach von der eben genannten Position aus weiter, indem er das Bewusstsein für alles religiöse Erleben und Verhalten thematisiert. Das Bewusstsein von Unendlichkeit und damit Unsterblichkeit sowie einem mit Unsterblichkeit gekoppelten Jenseits ist Selbsttäuschung, die es aufzuheben gilt. Die Fülle der religiösen Phänomene ist ein internes, dem Bewusstsein entspringendes und im Bewusstsein durchgespieltes Feld, worin Figuren kreiert werden, die innerpsychisch zu nennen sind. Entdeckt das Bewusstsein des Menschen seine eigene Unendlichkeit, so ist dies aber keine nur individuelle und singuläre Erfahrung, sondern basiert auf einer Gattungserfahrung, die man mit dem Gedanken der Unendlichkeit des Bewusstseins fassen kann. Nicht ein Einzelner, sondern die Gattung repräsentiert Unsterblichkeit und verweist auf etwas, das den einzelnen Menschen in seiner Begrenztheit transzendiert. Von daher erwachsen in der religionskritischen Arbeit des reifen Feuerbach das Jenseits und alle Vorstellungen desselben aus dem Diesseits: nämlich dem Bewusstsein des Menschen, das als Gattungselement niemals in den Schranken des Individuellen, Sterblichen zu diskutieren ist.

Die Frage, worin diese Täuschung ihren Grund hat bzw. was, religionsphänomenologisch gefragt, das Eigentliche, Entscheidende, der Wesenskern von Religion sein könnte, beantwortet sich im *Wesen des Christentums* mit Hinweisen, die dem aufmerksamen Leser bald deutlich werden. Es ist die Beschränktheit des Menschen, die ein Leben über Schranken hinaus ersehnen lässt – gerade weil diese Schranken im Irdischen und Sozietätischen zu suchen sind. Der Mensch lebt in der Gesellschaft von seinem wahren Wesen entfremdet; er kompensiert diese Entfremdung mit dem genannten Vollzug, für den sein Bewusstsein zuständig ist.

Die Jenseitswelt hat dann unweigerlich in der Diesseitswelt ihren Ursprung. Religion gewährt bestimmte, das Leben lindernde, Lebensschwierigkeiten bemeisternde Interpretationen, die von den Schwierigkeiten, den Problemen, deren Lösung unlösbar erscheint, ablenken auf eine nicht mehr irdische, somit jenseitige Welt. Feuerbach visiert Jenseitsvorstellungen, die von Reichtum, von komfortabler Ausstattung nachtodlichen Existierens, von einer Befreiung aller Schranken letztlich einer im Irdischen nie anzutreffenden Üppigkeit gekennzeichnet sind. Die bildhafte Auseinandersetzung des Menschen in den Jenseitsvorstellungen mit seinem nachtodlichen

Sein ist in Feuerbachs Sicht sehr stark abgehoben vom irdischen Ungenügenden.

3.

Nach diesen knappen Erwägungen, die Feuerbach in seiner eigenen Bedeutung ins Blickfeld stellen, haben wir, über ihn hinausgehend, religionswissenschaftlich abgesicherte Materialien nicht im Detail, aber generell beizuziehen, um den weiten Bereich des Religiösen in die Diskussion mit Feuerbachs Religionskritik einzubringen. Wir tun dies ebenfalls unter Einschränkung auf die Vorstellungen vom Jenseits.
In den Stammesreligionen, die sich bis in unser Jahrhundert hinein nachweisen lassen, ist für gewöhnlich ein Jenseits anzunehmen, das durchgängig kaum verlockende Aussichten bietet. Sicher gibt es klare Fortsetzungen irdischen Daseins mit seinen Möglichkeiten bis zu der Aussage, dass sogar Heiraten und Kinderzeugen nach dem Tode geschehen. Im übrigen aber sind die Stammesreligionen generell so zu charakterisieren, dass ihre Arbeit am Jenseits nur unter den Schrecken bzw. der Brutalität der Todeserfahrung verständlich wird. Der Tod trennt, er bricht das Leben, er zerstört die Gemeinschaft der Lebenden. Was nach ihm passieren mag, ist nicht höherwertig, sondern allermeist in seinem Rang geringer einzustufen. Die Fülle der Phänomene ist derart gross, dass hier nur darauf hingedeutet werden kann, wie in stammesreligiösen Vorstellungen des Jenseits Bedauern, Mitleid, Furcht vor einer Rückkehr der Toten, aber auch Chancen zu einer Veränderung, Bereinigung, Reifung als möglich erachtet werden.
Folgen wir antiken Kulturen – von Ägypten über den vorderen Orient und den alten Iran bis zu den westlichen kulturellen Zonen Griechenlands, Rom, den Kelten, den Germanen – so zeigt sich ein ähnliches Bild, wonach irdisches Leben durchgängig über das, was als nachtodlich und jenseitig geglaubt und ausgemalt wird, zu stellen ist. Die Antike hat – mit Ausnahme des alten Iran – das Leben in seinen lichten, verheissungsvollen, sinnlichen Seiten über das Schattendasein in einer Unterwelt, einem Jenseitsbereich, gesetzt. Einzig der alte Iran vor Zarathustra und erst recht mit diesem macht irdisches Dasein aufgrund dualistischer Weltkonzeption zum Schauplatz eines Kampfes, dessen rein innerweltliche Bedeutung nur gewonnen wird, wenn man damit zugleich die Konstellationen für eine jenseitige Existenzform schafft. Die späten antiken Religionsbereiche, wie etwa die der Mysterien, betonen das Nachtodliche stärker, weil in politischen Wirren und dem Zerfall grosser Reiche mit schrecklichen Konsequenzen für den Einzelnen eine Besinnung auf die Einzelseele und ihr nachtodliches Fortleben erforderlich wird.
Die grossen Religionen – vom Christentum über die Welt Indiens bis hin zu den missionierenden Kräften, die sich im Islam zu Wort melden, entfal-

ten ihrerseits eine sehr divergierende Vielfalt von Jenseitsaspekten. Gerade hier ist zu unterscheiden zwischen den von Feuerbach zu Recht kritisierten christlichen und islamischen Jenseitsbildern sowie dem in der indischen Welt als jenseitig Angesprochenen. In Indien gilt das Jenseits nicht als für den Daueraufenthalt einer unsterblichen Seele zu denkende Zone, sondern der Kreislauf des Lebens ist zentrales Thema allen religiösen Erlebens und Tuns. So ist der Übergang in eine andere Seinsweise, im Buddhismus besonders deutlich, in ein nicht irgendwie jenseitig, auch nicht räumlich zu bestimmendes Feld, vielmehr ein Eingebettetsein, das letzte Wort.
Wir wissen, dass die Mystik der Upanishaden unter christlichen Vorzeichen eine einflussreiche Entsprechung besitzt: in der Religionsphilosophie des Meisters Eckhart. Mystik präsentiert sich als Gegenpol zu Vorstellungen eines Jenseits, in das eine unsterbliche Seele nach dem Tode eintritt. Mystik ist – darauf hat Feuerbach in seiner Frühzeit hingewiesen – das Konträre zu den Jenseitsvorstellungen, die es (in Feuerbachs Sicht) zu destruieren gilt.

4.

Feuerbach greift mit seinem kritischen Prozedere in unverlierbarer Weise die Tendenz des Menschen zur Flucht ins Jenseits auf. Die Sehnsucht nach Paradiesen ist uralt und gut verständlich. Die Überwelt kontrastiert zur irdischen Welt als bessere gegenüber der schlechteren. Was macht, dass Jenseitsvorstellungen produziert werden, ist eben die auch von Feuerbach diskutierte und in allen religiösen Phänomenen aufweisbare Tendenz des Übergangs bzw. des Übergehenwollens in Anderes, in eine andere Seinsweise. Für den Übergang in Anderes, als das der Mensch seinen Gott bezeichnen mag, aber auch die Natur, auch den Kosmos, erzeigt sich Religion als grundlegend stimulierend.
Kult und Gräber sowie alles Totengedächtnis sind und bleiben Signete eines Stachels, den Feuerbach beseitigen will, der sogar im seiner Religionskritik verpflichteten realexistierenden Sozialismus eine Totenverehrung und – ineins mit ihr – eine Unsterblichkeitserklärung bringt, deren religiöse Urmuster man schwerlich leugnen kann.
Worin die verdienstvolle Leistung Feuerbachs besteht, ist die eröffnete Einsicht in Projektionsmechanismen, die aus dieser Tendenz ihren fortwährenden Antrieb gewinnen. Die Zurücknahme der Projektionen in den Menschen soll, so Feuerbach, das letzte Wort zur Religionskritik sein. Der Übergang in Anderes aber ist das, was Feuerbach ebenfalls bejaht, mag er ihn von allen religiösen Erwägungen im traditionellen Sinne reinigen und befreien wollen. Es gibt keinen Einblick in das Nachher, wenn die Todesschranke als Horizont aufleuchtet. Diese Schranke bleibt für Feuerbach

undiskutabel – das menschliche Phantasieren und Nachdenken diesseits der Schranke muss Feld religionskritischer Untersuchung sein.

5.

Feuerbach hat Religion aus Nicht-Religiösem, Nur-Menschlichem zu erklären versucht. Phänomenologie der Religion setzt ein Numinoses, das sie ihrerseits erklären müsste, aber nicht mehr erklären kann, womit man ihr geheime theologische Absicht deklariert. Spekulative Religionsbetrachtung wird interpretierend die Bewegung auf den Menschen hin ins Blickfeld stellen, aber diese nur als Ausgang erwägen: am Ende steht Gott, wenn auch nun tiefer begriffen.
Als Beispiel kann Hegels Verständnis des Christentums dienen. Mit dem Tode Jesu, der zum Tode Gottes geworden ist, hat Gott selbst aufgehört, an irgend einer besonderen Stelle in Raum und Zeit dazusein. In der geschehenden Bewegung vollzieht sich Gottes Anwesenheit in der Welt nunmehr als Geist einer Gemeinde. Aber auch letztere wird überschritten in der Geschichte, die ihre Vollendung durch die Negation ihrer Unmittelbarkeit zur Allgemeinheit, eine Vollendung, die aber noch nicht ist und die so als Zukunft zu fassen ist, erfährt.
Wird die Religion in diese Dialektik des Geistes einbezogen und das Christentum als Geist der Gemeinde begriffen, die ihrerseits ein kommendes Menschengeschlecht vorwegnimmt, so ist die Frage berechtigt, ob Gott nicht am Ende bloss noch Gattungsgeist des Menschen meint. Feuerbach jedenfalls hat sich an diesem problematischen Punkt mit seiner Kritik angesiedelt.
Gegen ihn mag man einwenden, dass ihm das in der Spekulation bedachte Sich-selbst-Stiften der Religion entgangen ist. Nicht ich als Einzelner kann Religion verbindlich für Andere stiften, doch gibt es religiöse Verhaltensweisen und Erfahrungen, die für jeden Menschen denkbar und realisierbar sind. Religion tendiert nämlich auf Zuständlichkeiten verschiedenster Ausprägung, die am Ende übereinkommen: Ich spüre, ich bemerke, ich bedenke, wie sehr ich brüchig und begrenzt bin, aber auch mächtig, sodass ich Welt finde, gestalte und demzufolge Welt habe. Die Menschen vergessen in diesem Erleben, das mit ihrer Welt verbunden ist, wie wenig Bestand man ihren Produkten zumessen soll. Geschäftige Eitelkeit, die meint, Welt, in der ich mich vorfinde, sei das letztlich Massgebende, ist als religiösem Existieren diametral entgegengesetzte Form menschlicher Selbstgestaltung zu betrachten.
Religion hat man dann als Freigabe, als Sich-selbst-Freigeben – und zwar zunächst ohne spezielle, gezielte Absicht interpretiert. Sich selbst für sich selbst und für die anderen Menschen freigeben – ohne irgend eine Absicht: darin erfährt Religion ihre letzte Bestimmung. Wo Absichten ins Spiel tre-

ten – das ist generell ja fraglos der Fall – ist genau der Ansatz wahrzunehmen, den Feuerbach gezeigt hat, wenn er Religion in ihrem aus menschlichen Intentionen gespeistem Hervorkommen deutet.
Ohne Absicht auf irgend ein innerweltliches Ziel richtet sich das Nachdenken über Religion, wie es in einer besonderen buddhistischen Form in Japan geschieht. So hat Keiji Nishitani verdeutlicht, wie sich das religiöse Bedürfnis im grossen Zweifel bekundet. Es handelt sich um Offenbarung der Ungewissheit bzw. des Nichts alles Existierenden – und zwar vom eigenen Grund und dem Grund aller anderen Menschen und Dinge her. Am Ende stehen Preisgabe selbstmächtiger Subjektivität und Übertritt in das Feld der Leere, worin sich der grosse Zweifel wie der ihm gemässe grosse Tod in einer neu strukturierten Existenz integrieren. Diese fundamentalanthropologische Sicht des Ostens müsste inskünftig in weiterreichende philosophische Reflexionen, die Feuerbach betreffen, einbezogen werden.

6.

Feuerbach bleibt der unüberhörbare Introspektor menschlicher Innenabläufe und Interpretator religiöser Phänomene, die sich aus den genannten Übergängen bzw. Absichten verständlich machen lassen.
Feuerbach, von mystischer Philosophie infiziert, sucht den Tod zu erleichtern, zu sänftigen. Der Heroismus seiner frühen *Gedanken über Tod und Unsterblichkeit* weicht einem stoischen, philosophisch geklärten Bewusstsein: Ich akzeptiere mich als ein endliches, sterbliches Wesen – ich bin mit dem Tod ausgesöhnt.
Feuerbach selbst hat erklärt, es gehe für den Philosophen darum, sich mit irdischen Gegebenheiten abzufinden, seine Endlichkeit und unwiderrufliche Rückkehr in die Natur, die Auflösung des Organismus zugunsten der übrigen Organismen, zu bejahen.
Mag diese Aussöhnung auch subjektiv zutreffen, sie erlaubt keine intersubjektive Extrapolation. Die nach wie vor wachsenden, ja wuchernden Jenseitsvorstellungen sind ein Gegenbeleg für das nie ausschaltbare Ringen mit der unentrinnbaren Todesbefindlichkeit. Sie sind ein empfindlicher Bereich, der subtil ablesen lässt, was den Menschen über sich selbst hinaus treibt, weil er in seinem Selbstvollzug sein Ungenügen alltäglich und überall zu spüren bekommt. Religion ist damit das die Jenseitsvorstellungen Ermöglichende, aber diese sind nur die den eigentlichen religiösen Ansatz, das religiöse Stimulans spiegelnden. (Dies gilt trotz mancherlei theosophischer und esoterischer Literatur, die nachtodliche Sphären verlockend verklärt.) Jenseitsvorstellungen sind keine einfache, mit einer philosophischpsychologischen Reduktion zu beseitigenden, dem Menschen auf seiner irdischen Fahrt schädlichen Ablenkungen, sondern wie Feuerbach erkennt, wahre Spiegelungen der menschlichen, irdischen Verhältnisse.

7.

Feuerbach bietet ein unverzichtbares Instrument zur kritischen Interpretation der Religion und insbesondere jeglicher Jenseitsvorstellung.
Wir nominieren nur folgende Aspekte: 1. Die Einsicht in die radikalisierte Jenseitigkeit christlicher Vorstellungen, deren Verwurzelung auch im Platonismus aufzuzeigen ist. 2. Der Hinweis, dass religiöse Bereiche (wie die stammesgebundenen Vorstellungen) eindeutig ohne Abstraktion auskommen, die bei jenseitsorientierten Religionen wie Christentum und Buddhismus erforderlich sind: Das Leben hier und jetzt bleibt der höchste Wert. 3. Die Annäherung des Göttlichen an den Menschen, der mystische Zug, der Feuerbachs Religionskritik eignet, ist auch sonst von der Mystik zugewandtem Forschen als bemerkenswert zu begrüssen.[1]

[1] Siehe zu dem ganzen Kapitel über Jenseitsvorstellungen: H.-J. Braun, *Das Jenseits – Die Vorstellungen der Menschheit über das Leben nach dem Tod,* Frankfurt a. M. 2000, S. 15ff., S. 491ff.

Ein bisher unbekannter Brief von Ludwig Feuerbach.

Werner Schuffenhauer

Vor Wenigem wurde von einem Schweizer Antiquariat aus Privathand ein Originalbrief Ludwig Feuerbachs «An Unbekannt» angeboten. Der «Rechenberg bei Nürnberg, 9. März 1868» datierte Brief richtet sich an einen hochgeschätzten Professor der Medizin; Feuerbach spricht darin seinen Dank dafür aus, dass sein Neffe Anselm, der offenbar plötzlich einer geistigen Störung anheimgefallen war, glücklich in eine Heilanstalt gebracht werden konnte, und verleiht seiner Genugtuung Ausdruck, dass man dort eine alsbaldige Heilung erwartet. Der Brief wurde dankenswerterweise von der Handschriftenabteilung der Universitätsbibliothek München erworben und in den Bestand an Korrespondenzen des dort verwahrten Feuerbach-Nachlasses eingegliedert. Mit Genehmigung der Handschriftenabteilung der Universitätsbibliothek München – unser Dank gilt insbesondere Frau Dr. C. Töpelmann – geben wir nachfolgend (S. 110) eine Reproduktion des Briefes wieder, der wir die Transkription des Textes nach den Grundsätzen der «Gesammelten Werke» Ludwig Feuerbachs (GW), wo der Brief in Band 21 (Briefwechsel V) aufgenommen wurde, beifügen.
Der Brief wurde im Antiquariatsangebot auf Feuerbachs Neffen, den Maler Anselm Feuerbach (1829-1880), Sohn von Feuerbachs ältestem Bruder Joseph Anselm (1798-1851), bezogen. Es erschien dies fürs erste keineswegs unbegründet – geht doch aus Anselm Feuerbachs Briefwechsel des Jahres 1868 hervor, dass er zu dieser Zeit eine schwere, ja beängstigende gesundheitliche Krise durchlebte. So hatte Anselm am 26. Februar 1868 aus Rom die Stief-Mutter unterrichtet: «(...) Ich war die letzten Tage unwohl, faule Todesgedanken und Weinen vor Anstrengung. (...) Liebe Mutter, ich habe Sehnsucht, Dich zu sehen; (...) ich fühle, dass ich so nicht weiter komme, das Leben gestaltet sich zur Unmöglichkeit, ich ginge vor der Zeit in die Grube.» Unter dem 2. Mai erklärte er: «Für meine Gesundheit ist eine Reise notwendig; ich komme in wenigen Wochen nach Baden, möchte bis Mitte Juni bleiben (...)» Am 12. Mai 1868 lautete es: «Mein Koffer ist gepackt; ob und wann ich reise, weiss ich noch nicht. (...) Meine Gesundheit ist total alteriert – O wie lästig und unerträglich wird mir nach und nach alles. (...) Ich glaube, dass ich nicht lange mehr mitmache, ich bin

Rechenberg bei N[ür]nb[er]g, 9.März 1868,
Vorm[ittag]

Hochzuverehrender Herr Professor !

Ihr eben empfangenes gütiges Schreiben hat mich und die Meinigen aufs innigste erfreut und gerührt. Nur Ihrer unerschöpflichen edlen Menschenliebe, Ihrer unermüdlichen Geduld und Langmut verdanken wir dieses erfreuliche Resultat, daß ohne Anwendung gewaltsamer Maßregeln Anselm in die Heilanstalt gebracht wurde, verdanken wir, daß wir ohne Sorge und Unruhe, ja mit guter Hoffnung schon jetzt seiner Zukunft entgegensehen. Ein solcher Eingang verspricht auch einen entsprechenden[1] Ausgang. Diese Zeilen sollen daher auch nichts weiter enthalten als einen Ausdruck meiner innigsten, tiefsten Dankbarkeit und Verehrung, mit der ich stets im Stillen war, bin und sein werde

Ihr ergebenster L. Feuerbach

[1] *gestr.*: guten

Originalhandschrift: Universitätsbibliothek München, Sign. 4°, Cod. ms. 935a / 48.

müde nach allen Richtungen.» (Vgl. J. Allgeyer, Anselm Feuerbach. Zweite Auflage auf Grund der zum erstenmal benutzten Originalbriefe und Aufzeichnungen des Künstlers. Aus dem Nachlasse des Verfassers herausgegeben und mit einer Einleitung begleitet von C. Neumann. Zweiter Band. Berlin/Stuttgart 1904, S. 94-95, 97.) Unter dem 27. August bedankte sich Anselm für die Mühen der Mutter während seines endlich stattgehabten kurzen Heidelberger Aufenthalts, aber erst am 19. Dezember des Jahres lautete es optimistischer: «Ich schicke freundliche Grüsse zum neuen Jahre, nachdem ich eine Krisis einigermassen heroisch überstanden habe. Ich wusste nicht, wie krank ich war, und merkte es erst, als mir die Beine den Dienst versagten. Darauf folgten einige peinliche Stunden. Ich glaube, der Unmut und der starke Wille hat mich herausgerissen. Ich bin vollständig wieder hergestellt. (...)» (Vgl. Anselm Feuerbach, Briefe an die Mutter. Aus den in der National-Galerie bewahrten Briefen Feuerbachs ausgewählt und eingeleitet von A. Paul-Pescatore. Berlin/Königsberg/Leipzig 1939, S. 293; siehe auch: Anselm Feuerbach, Ein Vermächtnis. Herausgegeben von Henriette Feuerbach, München 1926, S. 205.) Dabei durfte das Jahr 1868 an sich, wie sein Freund und späterer Biograph Julius Allgeyer bemerkte, als «eines der fruchtbarsten in Feuerbachs Leben» angesehen werden: «Nicht allein, dass das Gastmahl [‹Das Gastmahl des Platon. Erste Darstel-

lung, 1869›] erhebliche Fortschritte machte; es enststand auch eine ansehnliche Zahl neuer Bilder, ungerechnet eine Reihe von ausgeführten Landschafts-, Meer- und Blumenstudien in Oel, und bedeutender Anfänge und Entwürfe zur Behandlung der Medeensage [‹Medea auf der Flucht, einen Knaben an der Hand führend›, ‹Medea mit beiden Kindern›].» Ein biographischer Abriss zur Ausstellung «Anselm Feuerbach und Italien», die in Livorno vom 28. Juli bis 3. Dezember 2000 gezeigt wurde, hob für das Jahr 1868 hervor: «Krankheit und Erregungszustände. Im Mai [nach dem 12. Mai] in Heidelberg, dann Kassel und Dresden, wieder Heidelberg und Mitte August über München und Verona nach Rom [20. August].» Unter all diesen Zeichen liess sich die aus Ludwig Feuerbachs Brief sprechende grosse Besorgtheit der Angehörigen durchaus auf Anselm, den Maler, beziehen. Näher betrachtet waren jedoch erhebliche Zweifel anzumelden.
Es ist bekannt, dass die berühmte Gelehrtenfamilie Feuerbach eine Reihe ernster Erfahrungen mit der mitunter tragischen Verknüpfung von Hochbegabung und psychischer Belastung durchzumachen hatte (vgl hierzu die grundlegende Studie von Th. Spoerri, Genie und Krankheit. Eine psychopathologische Untersuchung der Familie Feuerbach. Basel/New York 1952). Paul Johann Anselm (1775-1833), dem Kriminalisten und Strafrechtsreformer, Haupt der Gelehrtendynastie Feuerbach, war öfteres, mitunter geradezu hypochondrisches Schwanken seiner Stimmungslage nachgesagt worden. Der älteste Sohn, Joseph Anselm, hervorragender Archäologe und Vater des kongenialen Künstlers Anselm, hatte schon von Jugend an mit Schwermut und anderen sehr belastenden Äusserungen einer Gemütskrankheit, noch mehr nach dem plötzlichen Tod seiner jungen Frau, Mutter seiner zwei Kinder, zu schaffen gehabt. Seine zweite Gattin Henriette, geb. Heydenreich (1812-1892), hat in den nachgelassenen Werken des früh Verstorbenen ihrem Mitleiden um den Gatten angesichts der schicksalhaften und zunehmend zerstörerischen Macht des kranken Gemüts Ausdruck verliehen. (Vgl. hierzu auch M. Flashar, Ein ausgebrannter Vulkan. Zum 150. Todestag des Archäologen Josph Anselm Feuerbach, in: *Zeitschrift für Archäologie und Kulturgeschichte,* 32. Jg., H. 6, Mainz 2001). Der geniale junge Erlanger Mathematiker Karl Feuerbach (1800-1834), zweitältester Sohn des Kriminalisten, wurde wegen führender Teilnahme an verbotener oppositioneller Studentenbewegung Opfer der Verfolgungen des Jahres 1824, verfiel in der Haft in Zwangsvorstellungen und glaubte durch Selbstopferung, die ihn zu zwei Suizidversuchen trieb, die Freiheit seiner mitgefangenen Kommilitonen erwirken zu können. Die älteste Tochter P. J. Anselm Feuerbachs, Magdalena, (genannt: Helene, 1808-1891), hochgebildet, schriftstellerisch und musikalisch begabt (vgl. Magdalena Freifrau von Dobeneck, geb. Feuerbach, Briefe und Tagebuchblätter aus Frankreich, Irland und Italien: mit einem kleinen Anhang von Compositionen und Gedichten, Nürnberg 1843) verfiel, zu frühzeitig verehelicht, unter der

gefühlsarmen Enge ihrer Ehe leidend, in exzentrische Verehrung des berühmten Geigenvirtuosen Paganini, um ihn, als er sich ihr zu nähern gewillt war, dann jäh zu verstossen und in religiös-schwärmerische ekstatische Zustände zu verfallen – ein psychischer Schub, der Jahre später – nach positiver Wirksamkeit als Erzieherin und Gesellschaftsdame, freilich auch häufig wechselnden Aufenthaltsorten und zuweilen unsteter Reisetätigkeit durch England, Frankreich, Deutschland und die Schweiz – abermals auftrat (Th. Spoerri, a.a.O., S. 76-79).
Wie Henriette Feuerbach, die hingebungsvoll um ihren Gatten und ebenso voller Selbstaufopferung um Anselm bemüht war, so hatte Ludwig Feuerbach durch die Sorge um seinen Bruder Karl und seine Lieblingsschwester Helene schon frühzeitig eigene Erfahrungen mit dem heimtückischen Familienerbe gewonnen. Die Heilanstalt Winnetal (Winnenden) in Baden, die unter Leitung des hochverdienten «Seelenarztes» und Forschers Dr. Albert Zeller stand, kannten sie durch Helenes längeren Aufenthalt daselbst – ein Aufenthalt, der auch durch Krankenkartei und -akte sicher verbürgt ist (vgl. Th. Spoerri, a.a.O., S. 76; zu Winnetal vgl. H. Waldenmaier, Mit Freuden hindurch! Albert Zeller, der Arzt und Seelsorger. Ein Lebensbild. Stuttgart 1927). Nun ergaben sich jedoch keinerlei Anhaltspunkte für einen Aufenthalt des Malers Anselm in Deutschland zu dem durch den Brief fixierten Zeitpunkt; ebensowenig erbrachten unsere Nachfragen in Winnetal Spuren eines etwaigen Besuchs der Anstalt durch den Künstler. Unwahrscheinlich musste auch erscheinen, dass sich ein betreuender Arzt aus dem Badischen unmittelbar mit Feuerbach, der zu dieser Zeit seinen Wohnsitz am Rechenberg bei Nürnberg hatte, in Verbindung setzte, wo doch die damals in Heidelberg lebende Schwägerin Henriette mit Feuerbach zu korrespondieren und die Beziehungen zu den in und bei Nürnberg lebenden Angehörigen der Feuerbach-Familie aufrechtzuerhalten pflegte. Im Dezember 1866 hatte Anselm seinen «Onkel Ludewig», nachdem man sich ganze siebzehn Jahre seit der für Anselm eindrucksvollen Begegnung mit Feuerbach in der Revolutionszeit (Vgl. GW 19, S. 153, 472) nicht mehr gesehen hatte, überraschend auf der Durchreise von Rom am Rechenberg bei Nürnberg besucht (An L. Pfau, 23. Dezember 1866, W. Bolin, Ausgewählte Briefe von und an Ludwig Feuerbach, a.a.O., S. 333). Feuerbach hatte dann mit Freuden von Anselms Erfolgen auf der Pariser Weltausstellung 1867 vernommen (Von L. Pfau, 11. Juni 1867, Feuerbach-Nachlass. UB München). Im Oktober des besagten Jahres 1868 konnte Feuerbach Henriette im Haus am Rechenberg begrüssen, von wo aus sie sich über die äusserst bescheidenen Lebensverhältnisse, die Armut Feuerbachs, verbreitete: «Es ist ein furchtbar ernstes und tragisches Schauspiel, einen so edlen, herrlichen und reich begabten Geist wie Ludwig Feuerbach durch die elendeste aller Krankheiten allmählich zerstört zu sehen (...)» (vgl. W. Dobbek, Die Akte Ludwig Feuerbach, Veröffentlichungen aus dem Archiv der

Deutschen Schillerstiftung, H. 2, Weimar o. J. [1961], S. 25). Im Frühjahr 1869 machte sich Feuerbach nach Heidelberg auf, um seine Tochter, die den Winter über dort bei der Tante Henriette zugebracht hatte, abzuholen (vgl. W. Bolin, a.a.O., S. 193). Bei allen diesen Gelegenheiten gab es nach den gegebenen Überlieferungen keinerlei Anspielungen oder Bezugnahmen auf einen etwaigen Anstaltsaufenthalt des Malers. Die Überlegungen und Recherchen mussten also in eine andere Richtung geführt werden.

Nun hatte Feuerbach einen weiteren, gegenüber dem Maler dreizehn Jahre jüngeren Neffen, ebenfalls mit dem Rufnamen Anselm, Sohn seines Bruders Eduard August (1803-1843) – eine Namensgebung, die auf einen brüderlich-kritischen Disput zwischen Eduard und Ludwig zurückgeht. Eduard, wohlbestallter Professor der Rechte in Erlangen, hatte anlässlich der Geburt seines Sohnes am 5. August 1842 Ludwig, der als Privatgelehrter im nahegelegenen Bruckberg bei Ansbach lebte, geschrieben: «Da mir ein Söhnlein geboren worden ist, ersuche ich Dich, Patenstelle zu vertreten (...)» Unter dem Eindruck der ungemeinen Zustimmung, die Ludwigs kurz zuvor erschienene Schrift «Das Wesen des Christentums» (1841) fand, aber auch ihrer polarisierenden Wirkungen eingedenk, konnte sich Eduard nicht einer Anspielung enthalten: «Möge er Dir in allem Guten gleichen, aber nicht in Deiner Richtung gegen das Christentum (...)», worauf Ludwig erwiderte: «Meinen Glückwunsch zu Deinem Söhnlein und meinen Dank für Deinen Antrag. (...) Da (...) Du an meiner antichristlichen Richtung Anstoss nimmst – eine Richtung, die so mit mir verwachsen ist, dass sie nur mit meinem Leben enden wird –, so rate ich Dir , ohne alle Rücksicht und Bedenklichkeit einen andern Paten zu nehmen. Willst Du nicht ausser dem Hause suchen, so steht Dir ja noch immer Anselm in Freiburg zu Gebote. (...) Da aber so viele Anselm Feuerbach es schon gibt, so kannst Du zur Unterscheidung noch einen, der nur seinen Namen hergibt, mich (...) oder wen Du willst, wählen und dazufügen. (...) Ich mache Dir folgenden entscheidenden Vorschlag: Handle im Geist der Zeit, welche ein widerspruchsvolles Gemisch von Christentum und Heidentum für Christentum ausgibt, und gib daher Deinem Söhnlein zur Erinnerung an diese Zeit den antichristlichen Namen Ludwig und den christlichen Namen Anselm. So bist Du aus aller Verlegenheit.» (Vgl. GW 18, Briefe 314, 315.) Unabhängig davon, wie Eduards Intervention gegen die eingeschlagene Richtung des Bruders gemeint war, ob aus ihr nicht vor allem nur die Besorgnis um eine weitere Blockierung des beruflichen Fortkommens des Bruders sprach (vgl. GW 18, S. 490) – der Sohn erhielt tatsächlich den Namen *Anselm* Johann Ludwig. Wie im folgenden näher nachzuweisen sein wird, bezieht sich Feuerbachs Schreiben vom 9. März 1868 auf diesen Anselm, Feuerbachs Patenkind und zweiten Neffen.

Eduard hatte mit seinem Bruder Ludwig durch zeitweise gemeinsamen Aufenthalt in Erlangen während des Studiums und sich anschliessender

Lehrtätigkeit an der Universität einen engen Umgang. Öftere Besuche von Erlangen aus bei Ludwig im nahegelegen Bruckberg brachten dann weitere Bindungen, zumal er dort in Sidonie Stadler (1821-1892), einer Tochter der älteren Schwester von Feuerbachs Gattin, seine Ehefrau fand. Unter ungeklärten Umständen fand Eduard, der mit Frau und Kindern zu einer Familienfeier auf Schloss Bruckberg weilte, am 25. April 1843 einen plötzlichen Tod infolge einer Vergiftung. L. Feuerbach hat in dem Nekrolog «Andenken an Eduard August Feuerbach» (GW 9, S. 344-352) in brüderlicher Liebe der wissenschaftlichen Leistungen, des unbestechlichen Tugend- und Pflichtsinnes des Bruders und der bescheidenen Lauterkeit seines Charakters und Lebens gedacht. Er nennt ihn den Lieblingssohn P .J. Anselm von Feuerbachs, da er der Gehorsamste unter den Söhnen war und sich trotz grosser Neigung zu den Naturwissenschaften dem väterlichen Beruf des Juristen zuwandte. Er verschweigt auch nicht, dass Eduard auch am väterlichen Erbe zu tragen hatte, indem er sich bisweilen «Übel aller Art fingierte, erst Krankheiten, dann politische, endlich persönliche Feinde», was seine Freunde und Bekannten «Hypochondrie» nannten (a.a.O., S. 347). Mit Eduards Tod erlangte die Ludwig zugedachte Rolle des Patenonkels den Charakter eines besonderen Vermächtnisses. Zumal Eduards Witwe längere Zeit mit den Kindern auf Schloss Bruckberg verblieb, wird im überkommenen Briefwechsel Feuerbachs aus der Bruckberger Zeit sporadisch auch der gemeinsamen Fürsorge um die eigene Tochter und die Kinder des Bruders gedacht (vgl. GW 18, S 375, 424, GW 19, S. 64). Im Brief an F. Kapp, 22. Februar 1852 erklärte Feuerbach bestimmt: «Mein Lorchen [Feuerbachs Tochter Leonore] ist sehr gross und lernt fleissig Englisch. Ich habe für sie und die Kinder meines Bruders Eduard einen Hauslehrer, einen ausgezeichneten Pädagogen und Schulmann (...)» (GW 19, S. 369). Tragischerweise nahm sich J. P. Scheuenstuhl, der von den Kindern geschätzte Hauslehrer, nach wenigen Monaten infolge nicht verkrafteter Anfeindungen wegen seiner Teilnahme an revolutionären Aktionen 1848/49 das Leben. Hierzu schrieb Feuerbach an O. Wigand, seinen Leipziger Verleger, im August 1852: «Sie können sich den Eindruck denken, den eine solche Tat einer so nahe gehenden Person auf eine Familie macht. Mein kleiner Neveu, der Sohn meines verstorbenen Bruders Eduard, war so ausser sich, dass ich noch an demselben Tage, wo die Nachricht hier eintraf, ihn nach Ansbach [offenbar zu Dr. F. W. Heydenreich, Bruder seiner Schwägerin Henriette und Hausarzt der Familie] brachte und seitdem dort liess. Was ich aber ferner mit diesem, mit den andern Kindern mache, darüber herrscht noch die grösste Verwirrung in meinem und der Meinigen Kopfe. Erst gestern war ich wieder in Ansbach, um über dortige Lehrer und Lehranstalten genaue Kenntnis einzuholen.» (GW 19, S. 402.). Diese Begebenheit verweist auf eine hochsensible Natur Anselms. Über den seiner späteren Doktorarbeit beigegebenen, lateinisch gefassten Lebenslauf

(Universitätsarchiv Erlangen-Nürnberg, C 3/3, Nr.1865/66, 23-26) erfahren wir, dass er, «im Hausunterricht vorbereitet», in Ansbach das Gymnasium bis 1861 besuchte und anschliessend fünf Jahre an der Erlanger Universität Medizin studierte (nach der «Übersicht des Personal-Stands bei der Königlich Bayerischen Friedrich-Alexanders-Universität Erlangen» von Sommersemester 1862 bis Sommersemester 1866). Bereits Mitte Juni 1866 verteidigte er dort, im Fach der Chirurgie spezialisiert, seine Dissertation «Die Diverticel des Oesophagus [Erweiterungen der Speiseröhre] mit besonderer Rücksichtnahme der durch Zug entstandenen, der Traktionsdivertikel nach Herrn Prof. Dr. Zenker» und erwarb mit der Note «Sehr gut» den Grad eines Doktors der Medizin, Chirurgie und Geburtshilfe). Anselm durfte seine Dissertation handschriftlich einreichen. Das gestochen klar geschriebene und akribisch durch handgezeichnete Abbildungen ergänzte Manuskript im Umfang von insgesamt 62 engbeschriebenen Seiten in 4° lässt auf eine hochbefähigte, peinlich korrekte, sehr belesene und praktisch erfahrene Persönlichkeit schliessen. Als Schüler des 1862 nach Erlangen berufenen Professors für Pathologische Anatomie F. A. v. Zenker (1825-1898), hatte er sich einer sehr komplexen und seinerzeit richtungsweisenden anatomisch-pathologischen und chirurgischen Thematik verschrieben, deren Bedeutung in dem noch heute üblichen Eponym «Zenkersches Divertikel» Ausdruck findet (vgl. Erlanger Stadtlexikon, hrsg. von Ch. Friederich u.a., Nürnberg 2002, Art.: Zenker, Friedrich Albert von, S. 760).
Zur Zeit des Studienabschlusses brach der deutsch-österreichische Krieg aus und Anselm trat in die bayerische Armee ein, wo man ihn, wie es in der Familienüberlieferung hiess, sogleich in der verlustreichen, die Niederlage Österreichs und seiner Verbündeten besiegelnden Schlacht von Königgrätz (3. Juli 1862) als Militärarzt eingesetzt haben soll (vgl. J. Mayer, in: [Paul Johann] Anselm von Feuerbach, Georg Friedrich Daumer, Anselm Johann Ludwig Feuerbach: Kaspar Hauser. Editiert und mit Hintergrundberichten versehen von Johannes Mayer und Jeffrey M. Masson, Frankfurt am Main 1995, S. 312). Die bayerischen Truppen wurden aber erst in der Schlussphase des Krieges in militärische Auseinandersetzungen verwickelt und zwar wesentlich in Unterfranken (besonders Kissingen, und Würzburg); sie verloren 47 Offiziere, 282 Unteroffiziere und Mannschaften und zählten 1858 Verwundete (zu den militärischen Ereignissen vgl. insbesondere R. Ecke, Franken 1866. Versuch eines politischen Psychogramms. Schriftenreihe des Stadarchivs Nürnberg. Bd. 9, 197, S. 29-41). In Erlangen errichtete man mehrere Lazarette zur Versorgung von Verletzten beider kriegführender Seiten und durchziehender Truppen, so dass sich «Königgrätz» hier wohl eher auf eine vor allem nach dem Siege der Preussen und ihrer Verbündeten und der Demobilisierung bzw. Reduzierung der bayerischen Armee in Erlangens Lazaretten abgeleistete militärärztliche Assistenz beziehen wird. Nach geltendem bayerischem Reglement hatte ein jeder Arzt ein

Biennium, eine zweijährige Tätigkeit als Assistenzarzt, zu absolvieren, ehe er seine Approbation (Zulassung) erlangte. In dieser Zeit, vielleicht ausgelöst durch im Lazarett tagtäglich begegnende menschliche Tragödien im Gefolge erlittener Kriegsverletzungen, zeigten sich bei Anselm im Februar 1868 offenbar plötzlich schwere psychische Störungen, so dass die Familie in äusserste Aufregung versetzt war und der junge Arzt dringendst selbst ärztlicher Hilfe bedurfte. Anselm kam in die Obhut von Friedrich Wilhelm Hagen (1814-1888), a.o. Prof. der Psychiatrie an der Medizinischen Fakultät der Universität Erlangen und Direktor der «Kreis-Irrenanstalt Erlangen». Er wurde am 8. März 1868 als Patient in die Erlanger Heilanstalt aufgenommen, verzeichnet unter Nr. 832 im «Grundbuch», dem Patientenverzeichnis der Heilanstalt, das im heutigen Erlanger Klinikum am Europakanal, Klinik für Psychiatrie, Psychotherapie und Psychotherapeutische Medizin, verwahrt wird und dessen Einsichtnahme uns freundlicherweise Frau R. Stalz, Direktorin des Klinikums, ermöglichte. Wie auch in Feuerbachs Schreiben betont, ergab sich glücklicherweise von Anbeginn eine günstige Prognose der Erkrankung. Nach fünf Monaten, am 5. August des Jahres, konnte Anselm – geheilt – die Anstalt wieder verlassen. Damit ist der Bezug des Feuerbachschen Schreibens auf den Neffen Anselm Johann Ludwig eindeutig erwiesen.

Die Betreuung durch den bedeutenden Wegbereiter moderner Psychiatrie und Heilpraxis F. W. Hagen war sicher Jakob Herz (1816-1879, seit 1863 a.o. Professor der Medizin und Prosektor am Anatomischen Institut der Universität Erlangen) zu danken, worauf noch eingegangen wird. Eine unmittelbare, persönliche Beziehung Ludwig Feuerbachs zu Hagen ist nicht bekannt. In den aus Familienbesitz überkommenen Stücken aus Hagens Nachlass, darunter auch allgemeinere «Lesefrüchte» und «Literatur-Exzerpte», deren Einsichtnahme wir Herrn Dr. Cl. Wachter, Archiv der Universität Erlangen-Nürnberg, zu danken haben, zeigen Auseinandersetzungen mit W. Wundt, G. Th. Fechner, K. Vogt, jedoch keine Spuren einer Befassung mit Feuerbach – auch wenn bereits Themen von Hagens früher Schrift «Psychologische Untersuchungen. Studien im Gebiete der physiologischen Psychologie, Braunschweig 1847, Feuerbachsche Positionen über den Zusammenhang von Leib und Seele anklingen lassen.(«I. Was physiologische Psychologie sei»,[1] «II. Vom Weinen», III. «Von der

[1] Hier lautet es z. B.: «Schon erscheint uns die alte Seelenlehre mit ihrem todten Formalismus und ihrer fächerigen Classification der Seelenvermögen als eine Wissenschaft des vergessenen ancien regime. Man verlangt nun auch hier anstatt gelehrten Wortkrames und historischer Bücherweisheit lebensvolle Auffassung, Naturwahrheit und vor Allem Verbannung der Phrasen. Was aber diesen Umschwung einen ganz besondern Werth verleiht, ist dies, dass derselbe nicht blos, wie bei den anderen genannten Zweigen, auf der Überzeugung von der theoretischen Nothwendigkeith und praktischen Nützlichkeit einer neuen Richtung beruht, sondern dass er zugleich auch zum guten Theil eine Frucht der Humanität unseres Zeitalters ist.»

Schamröthe», «IV. Beitrag zur Lehre vom Schmerz»). Hagens Eintragungen im «Grundbuch» der Heilanstalt zeigen Informiertheit über die Familie Feuerbach; einige Notizen lassen aber zugleich eine gewisse kühle Distanz des nüchternen Fachmannes erkennen. Anselms Diagnose lautete: «Manie [Irresein]», Dauer der Krankheit vor Aufnahme: «4 Wochen»; zur Frage der «Erblichkeit» wurde lakonisch vermerkt:: «Die ganze Feuerbachsche Familie exaltirte. Ein Onkel hatte Ahasverie [Ruhelosigkeit] [?] und Geistesstörung», was sich vermutlich auf Feuerbachs Bruder Johann Anselm, den Vater des Malers, bezieht. Eintragungen von F. W. Hagen aus späterer Zeit im «Grundbuch» entsprechen seiner fortdauernden Anteilnahme am Schicksal seiner Patienten. So lautet es dort zum weiteren Lebensgang Anselms: «Im November 1874 starb eine an Rechtsanwalt Heigl verheirathete Schwester nach längerem Leiden [nach Th. Spoerri, Genie und Krankheit..., a.a.O., S. 114, war die um zwei Jahre ältere Schwester Elise mit dreiunddreissig Jahren an Lungentuberkulose verstorben]. F[euerbach] selbst ist in dieser Zeit noch Militärassistenzarzt, auch 1877. 1880 ist er Stabsarzt, ist wissenschaftlich und journalistisch thätig.» Dieser Hinweis ist insofern interessant, als von Anselm Johann Ludwig bisher lediglich eine 1906-08 niedergeschriebene Abhandlung «Hinwegschaffung von Persönlichkeiten» überliefert ist (vgl. J. Mayer, a.a.O., S. 313-342,9). Es handelt sich hier um eine familiengeschichtliche, kriminologisch-medizinische Untersuchung, die den Tod P. J. Anselm von Feuerbachs (1833) sowie seiner Söhne Eduard (1842) und Johann Anselm (1851) mit dem Fall «Kaspar Hauser» in Zusammenhang bringt, mit von badischer Seite befürchteten Enthüllungen über die Herkunft des Ansbacher Findelkinds. Eine besondere Rolle wird dabei dem vom Kriminalisten Feuerbach der bayerischen Königin-Mutter Friederike Wilhelmine Caroline, Prinzessin von Baden und Hochberg, vertraulich zur Kenntnis gebrachten «Memoire über Kaspar Hauser» (vgl. GW 12, S. 567-578) zugewiesen, das – eine genealogisch-kriminologische Glanzleistung – eine geschlossene Indizienkette entwickelt, die die verbreitete Annahme untermauerte, dass Kaspar Hauser der rechtmässige, für tot erklärte und beiseite geschaffte badische Thronerbe ist, womit das amtierende badische Haus eines schweren Verbrechens bezichtigt wurde. Nach dem bereits unter dem Aspekt eines verschwörerischen Anschlags betrachteten Tod des «Kriminalisten» gelangte das Memoire in den Besitz des jeweils ältesten lebenden Sohns, woraus sich nach Auffassung Anselms Attacken auch auf deren Leben erklärten, bis endlich Ludwig Feuerbach 1851 den geheimnisumwitterten Text kurzerhand veröffentlichte und so seinen Bann brach (vgl. GW 12, 567-578), zugleich aber – im Nachklang der Revolution – auf mögliche dynastische Machenschaften und Verbrechen aufmerksam machte. Anselm geht in seiner Studie minutiös allen nachweisbaren pathologisch-medizinischen Anzeichen der Todesumstände des Grossvaters, des Onkels Johann Anselm und seines Vaters nach, wobei

seine Annahmen auf einer verbrecherischen Verbringung Kaspar Hausers und späterer kaltblütiger Ermordung basieren. In Bezug auf die Spekulationen über die Herkunft Kaspar Hausers und die Hintergründe seines plötzlichen Todes hatte es 1996 den Anschein, als setze eine vom Nachrichtenmagazin «Der Spiegel» initiierte Untersuchung mit Mitteln der modernen Gen-Analyse den bis in unsere Tage immer wieder aufkommenden Mutmassungen einen Schlusspunkt – ihr Ergebnis schloss eine fürstlich-badische Abstammung Kaspar Hausers aus. Die Aufdeckung bei dieser Untersuchung unterlaufener Verfahrensmängel und die Anwendung zuverlässigerer Methoden der Analyse haben jedoch inzwischen – nach Angaben der «Kaspar Hauser-Forschung, Offenbach a.M.» (vgl. auch «Kaspar Hauser im Genlabor», Reihe «Sphinx, Geheimnisse der Geschichte» Sendung des deutsch-franszösischen Fernsehsenders «arte» am 17. August 2002) – erbracht, dass die Abkunft Kaspar Hausers noch keineswegs als aufgeklärt betrachtet werden darf. Insofern scheint auch die spezielle Abhandlung des Feuerbach-Neffen noch immer hinterfragbar zu sein.
Ludwig Feuerbach wendet sich in seinem Brief vom 9. März 1868 an einen von ihm sehr geschätzten, ja – wie die Schlussformeln, insbesondere das «war, bin und sein werde» verdeutlichen – geradezu innig verehrten Mann der medizinischen Wissenschaft. In Erlangen hatte sich unter F. von Dittrich (1815-1859), seit 1850 Prof. für Therapie und Innere Klinik, eine den Traditionen der Prager und der Wiener naturwissenschaftlichen Richtung nahestehende Gruppe von Ärzten zusammengefunden, mit der Feuerbach über seinen alten Freund Emil E. G. von Herder (1783-1855), Sohn des grossen Herder, bekannt wurde. So berichtete Feuerbach Jakob Moleschott unter dem 23. Juni 1853: «Während meines hiesigen Aufenthalts war ich auch ein paarmal auf einige Stunden in Erlangen und mit dortigen Ärzten der neuen materialistischen Schule, namentlich meinem Liebling dem Dr. Herz, in höchst angenehmen Verkehr.» (GW 20, S. 44). Ein kürzlich bekannt gewordener Brief Feuerbachs an Dr. Herz aus dem Jahre 1855, den Herbert Albrecht, Berlin, unserer Gesamtausgabe zur Verfügung stellte (er erscheint in GW 21 und wurde vorab in der WebSite der Nürnberger Feuerbach-Gesellschaft e.V. publiziert), weist auf eine anhaltende Beziehung zu den Erlanger Ärzten hin, denn Feuerbach lässt sich ihrem «abendlichen Freundeskreis» empfehlen. Insbesondere muss sich eine gewisse Vertrautheit zu dem zwölf Jahre jüngeren Dr. Herz herausgebildet haben, denn er bat ihn in diesem Brief um Mittlerdienste zur Erlangung eines Erlasses von Studiengebühren für den in Erlangen studierenden Bruder eines langjährigen Freundes. Auch hier brachte Feuerbach Dr. Herz gegenüber seine «innige Verehrung» zum Ausdruck. Im zur Rede stehenden, über ein Jahrzehnt späteren Briefe Feuerbachs fällt ebenfalls jene bemerkenswerte Hochschätzung auf, die ansonsten kaum in Feuerbachs Briefwechsel begegnet. Es wird hier insbesondere die «unerschöpfliche edle Menschenlie-

be», die «unermüdliche Geduld und Langmut» des vermittelnden Professors und die eigene, «innigste, tiefste Dankbarkeit und Verehrung» bekundet, was unsere Annahme, Feuerbachs Schreiben richtete sich an den ihm seit Jahren bekannten und von ihm hochgeschätzten Erlanger Professor und Arzt Jakob Herz begründet erscheinen lässt.

Jakob Herz war ein Kind Mittelfrankens, 1816 in Bayreuth als Sohn eines jüdischen Kaufmanns geboren. Nach dem Gymnasialbesuch in Bayreuth nahm er 1835 das Studium der Medizin in Erlangen auf. und promovierte 1839 mit einer Arbeit «De pedibus incurvis [Über verkrümmte Füsse]», d.h. über Klumpfüsse, wobei Herz den üblichen, aber inhuman anmutenden medizinischen Terminus «pes equinus versus» (wörtlich: gekrümmter Pferdefuss) vermied. Herz wirkte dann als Assistenzarzt bei Prof. Dr. Louis Stromeyer, der 1838 auf den Erlanger Lehrstuhl für Chirurgie berufen worden war und alsbald, gemeinsam mit Jakob Herz, durch operative Behandlung von Klumpfuss-Bildungen Aufsehen erregte. Nachdem Stromeyer einer Berufung nach München gefolgt war, führte Herz die erfolgreiche, neuartige Behandlung in Erlangen fort. Er machte durch Publikationen und Vorträge zu neuen operativen Techniken von sich reden. «Ohne Dozent zu sein, entwickelte er eine intensive Lehrtätigkeit. Seine Repetitorien über spezielle und chirurgische Anatomie gehörten zu den besuchtesten Vorlesungen der Universität.» (S. Wininger, Grosse jüdische National-Biographie (...), Bd. 3, [Czernowitz] 1928, S. 494.) Er wurde Mitglied mehrerer wissenschaftlicher Gesellschaften und schliesslich 1847, mit mässiger Bezahlung, Prosektor am Anatomischen Institut, wirkte jedoch zugleich am Universitätskrankenhaus, zunächst unter dem Chirurgen und Augenheilkundler Prof. J. F. Heyfelder (1798-1869), nach dessen Weggang kurzzeitig als kommissarischer Leiter der Chirurgischen Klinik und dann ab 1854 unter Prof. F. v. Dittrich, in dessen Umkreis, wie bereits bemerkt, Feuerbach Dr. Herz kennenlernte. Dass Herz lieber auf akademische Aufstiegschancen verzichtete als seine Überzeugungen aufzugeben, als der Senat der Universität ihm 1854 wegen seines jüdischen Glaubens die Habilitation als Voraussetzung akademischer Lehrtätigkeit und Berufung verweigerte, hatte Feuerbach nur noch enger mit ihm verbunden. Ihm selbst war ja zu früherer Zeit an dieser Universität – obwohl ebenfalls in seinem Fache bereits weithin bekannt und anerkannt und erfolgreich als Dozent – vor allem wegen seiner freien Religionsauffassung der Aufstieg zur ausserordentlichen Professur verstellt worden (vgl. GW 13, S. XVIII-XIX; Erlanger Stadtlexikon, a.a.O., Art.: Feuerbach, Ludwig, S. 256). Nach der rechtlichen Gleichstellung der Juden in Bayern 1861 wurde die längst fällig gewesene akademische Anerkennung des weithin geschätzten und hochverdienten Klinikers und Lehrers zunächst nur halbherzig betrieben; erst Herz' enttäuschte Ankündigung, die Stadt verlassen zu wollen, führte zur Berufung zum ausserordentlichen Professor, der erst 1869 – zwei Jahre vor seinem Tode – die ordentliche Professur folgte. Immerhin war aber Herz als erstem Juden in Bayern die gebührende akademische Anerkennung zuteil geworden. Herz' Ruhm als «Fanatiker der Wohltätigkeit» verband sich während der Kriegsjahre 1866 und 1870/71 mit grossem Engagement in der Betreuung von Kriegsverwundeten in den Erlanger Lazaretten, wofür ihm Auszeichnungen zuteil wurden und die Stadt ihm in Anerkennung seiner tätigen Nächstenliebe 1867 die Ehrenbürgerschaft verlieh. (vgl. Erlanger Stadtlexikon, a.a.O., Art.: Herz, Jakob, S. 362; vgl. insbes. Ch. Kolbet, «Eine Type des Gemeinsinns» – Der Erlanger Professor Jakob Herz. In: Raumzeit, Zeitung für den Grossraum Nürnberg-Fürth-Erlangen, Nr. 16, 12. Juli 2002; vgl. [Anonym], Doktor Jakob Herz. Zur Erinnerung für seine Freunde, Nürnberg 1871). Diese Tätigkeit brachte vermutlich den jungen Militärarzt Anselm Feuerbach in nähere Beziehung zu Herz, so dass dieser in für Anselm kritischer Situation hilfreich eingreifen konnte. Feuerbach hebt in seinem Schreiben hervor, dass es gelungen war, Anselm «ohne Anwendung gewaltsamer Massregeln» in die Heilanstalt zu bringen. Hierin drückt sich die Übereinstimmung des Philosophen, des praktischen Arztes und Chirurgen und des klinischen Psychiaters aus, das Phänomen psychischer Krankheiten und Störungen im Sinne eines aufgeklärten Humanismus unter Achtung der Menschenwürde statt durch blosse repressive Massnahmen und Verwahrung vor allem durch menschliche Nähe und die Bemühung um Erkennung und Heilung anzugehen.

Nach einer Mitteilung Feuerbachs an Wilhelm Bolin vom 20. August 1869 (Nachlass W. Bolin, Universitätsbibliothek Helsinki) wollte sich Anselm 1869 in Happurg bei Gersheim als praktischer Arzt niederlassen. Er diente aber dann als Arzt im Stab des 3. bayerischen Jägerbataillons in Eichstätt, nahm im Deutsch-Französischen Krieg an den Schlachten bei Wörth, Sedan und an der Belagerung von Paris teil, war Stabsarzt im 17. bayerischen Infanterie-Regiment zu Germersheim. 1882 heiratete er die Kaufmannstochter Julie Boos aus Edersheim, mit der er zwei Kinder (Anselm Paul Friedrich (1883-1913), und Ottilie Bertha Sidonie (1885-1950) hatte. 1897 schied er als «charakterisierter Generaloberarzt» aus dem Militärdienst (vgl. «Die Nachkommen des Paul Johann Anselm Ritter von Feuerbach.», in: Ahnentafel des Malers Anselm Feuerbach. Bearb. von Peter von Gebhardt, Leipzig 1929, S. 4; vgl. auch J. Mayer, a.a.O., S. 312.). Die Arbeit von Th. Spoerri, a.a.O., enthält kein Psychogramm Anselm Johann Ludwig Feuerbachs, des einzigen männlichen Nachkommen, der die Linie der bedeutenden Familie ins 19. Jahrhundert fortführte.

Abb. 1
Anselm Feuerbach

Generaloberarzt ANSELM FEUERBACH

Abb. 2
Anselm Johann Ludwig Feuerbach, Dr. med.

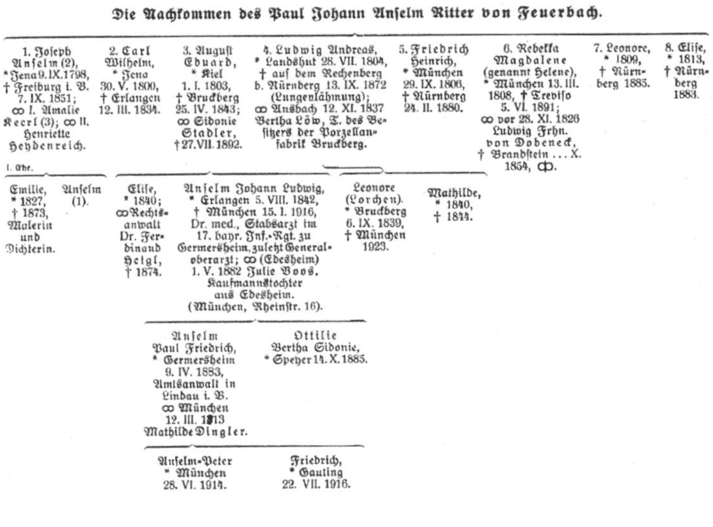

Die Nachkommen des Paul Johann Anselm Ritter von Feuerbach.

1. Joseph Anselm (2), * Jena 9. IX. 1798, † Freiburg i. B. 7. IX. 1851; ∞ I. Amalie Kecrl (3); ∞ II. Henriette Heydenreich.	2. Carl Wilhelm, * Jena 30. V. 1800, † Erlangen 12. III. 1834.	3. August Eduard, * Kiel 1. I. 1803, † Bruckberg 25. IV. 1843; ∞ Sidonie Stadler, † 27. VII. 1892.	4. Ludwig Andreas, * Landshut 28. VII. 1804, † auf dem Rechenberg b. Nürnberg 13. IX. 1872 (Lungenlähmung); ∞ Ansbach 12. XI. 1837 Bertha Löw, T. des Besitzers der Porzellanfabrik Bruckberg.	5. Friedrich Heinrich, * München 29. IX. 1806, † Nürnberg 24. II. 1880.	6. Rebekka Magdalene (genannt Helene), * München 13. III. 1808, † Treviso 5. VI. 1891; ∞ vor 28. XI. 1826 Ludwig Frhn. von Dobeneck, † Brandstein … X. 1854, ⚮.	7. Leonore, * 1809, † Nürnberg 1885.	8. Elise, * 1813, † Nürnberg 1883.

Kinder von 1. (I. Ehe):

Emilie, * 1827, † 1873, Malerin und Dichterin.	Anselm (1).

Kinder von 3.:

Elise, * 1840; ∞ Rechtsanwalt Dr. Ferdinand Heigl, † 1874.	Anselm Johann Ludwig, * Erlangen 5. VIII. 1842, † München 15. I. 1916, Dr. med., Stabsarzt im 17. bayr. Inf.-Rgt. zu Germersheim, zuletzt Generaloberarzt; ∞ (Edesheim) 1. V. 1882 Julie Boos, Kaufmannstochter aus Edesheim. (München, Rheinstr. 16).

Kinder von 4.:

Leonore (Lorchen). * Bruckberg 6. IX. 1839, † München 1923.	Mathilde, * 1840, † 1844.

Kinder von Anselm Johann Ludwig:

Anselm Paul Friedrich, * Germersheim 9. IV. 1883, Amtsanwalt in Lindau i. B. ∞ München 12. III. 1913 Mathilde Dingler.	Ottilie Bertha Sidonie, * Speyer 14. X. 1885.

Kinder von Anselm Paul Friedrich:

Anselm-Peter * München 28. VI. 1914.	Friedrich, * Gauting 22. VII. 1916.

Abb. 3
Stammbaum der Familie Feuerbach

Anselm Johann Ludwig Feuerbach

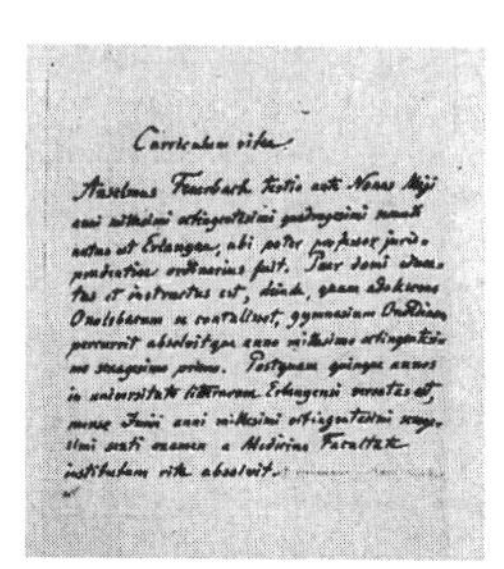

Curriculum vitae

Anselmus Feuerbach tertio ante Nonas Maji
anni millesimi octingentesimi quadragesimi noni
natus est Erlangae, ubi pater professor juris-
prudentiae ordinarius fuit. Puer domi educa-
tus et instructus est, deinde, quum Ansbacum
Onolsbacum se contulisset, gymnasium Onoldinum
percurrit absolvitque anno millesimo octingentesi-
mo sexagesimo primo. Postquam quinque annos
in universitate litterarum Erlangensi versatus est,
mense Junii anni millesimi octingentesimi sexage-
simi sexti examen a Medicinae Facultate
institutum rite absolvit.

Abb. 4
Curriculum vitae

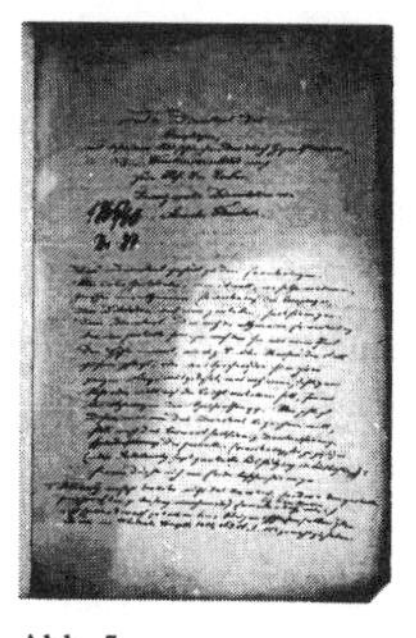

Abb. 5
Doktor-Dissertation

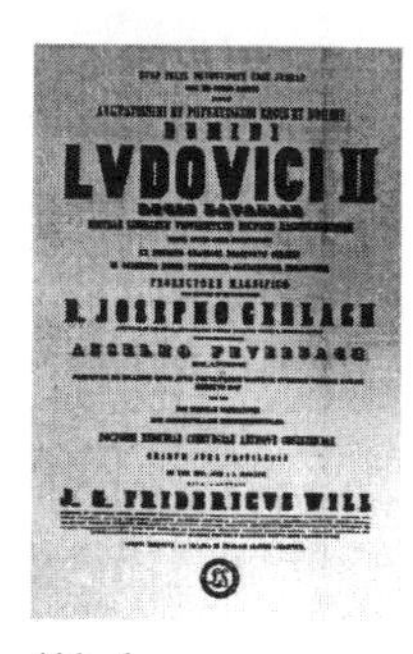

LVDOVICI II

R. JOSEPHO GERLACH

ANSELMO FEVERBACH

J. G. FRIDERICVS WILL

Abb. 6
Promotionsurkunde

Abb. 7
Prof. Dr. Friedrich
Wilhelm Hagen

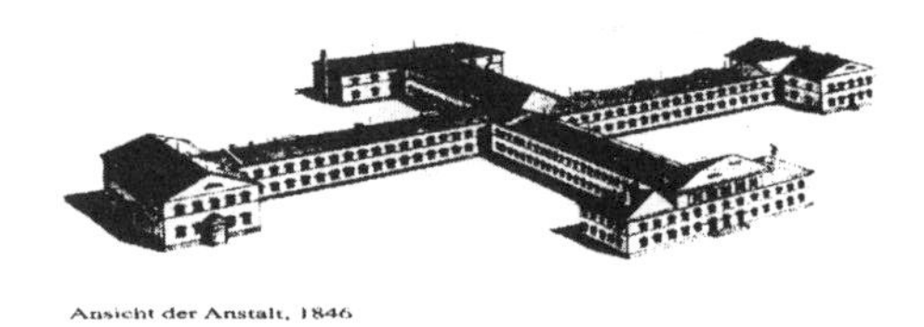

Abb. 8
Kreis-Irrenanstalt
Erlangen

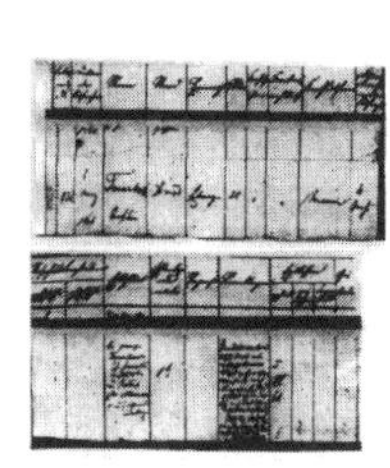

Abb. 9
aus dem Grundbuch

(Patientenverzeichnis)

Abb. 10
Prof. Dr. Jakob Herz

Abbildung 11
Ludwig Feuerbach

Abbildungsnachweis (soweit nicht im Text angegeben)

Abb. 1 nach: «O. Fischer, Anselm Feuerbach. Briefe und Bilder. Stuttgart 1922, Tafel 1» (Selbstbildnis Paris 1852. Kunsthalle Karlsruhe).

Abb. 2 nach: «Th. Spoerri, Genie und Krankheit. Ein psychopathologische Untersuchung der Familie Feuerbach. Basel/New York 1952, S. 115.»

Abb. 3 Ahnentafel des Malers Anselm Feuerbach (zur 100. Wiederkehr seines Geburtstages und zur 125. des Geburtstages seines Oheims, des Philosophen Ludwig Feuerbach). Bearbeitet von Peter von Gebhardt, Leipzig, Zentralstelle für Deutsche Personen- und Familiengeschichte 1929, S. 4.

Abb. 7 nach: «150 Jahre Psychiatrie in Erlangen. 1846-1996. Festschrift zum 150jährigen Jubiläum des Bezirkskrankenhauses Erlangen. Erlangen 1996, S. 14», Beitrag von E. Luscher.

Abb. 8 nach: «150 Jahre Psychiatrie in Erlangen 1846-1996. Festschrift zum 150jährigen Jubiläum des Bezirkskrankenhauses Erlangen. Erlangen 1996, S. 10», Beitrag von E. Luscher.

Abb. 10 nach: «Erlangen. Von der Strumpfer- zur Siemens-Stadt. Beiträge zur Geschichte Erlangens vom 18. zum 20. Jahrhundert. Hrsg. von J. Saweg, Mitarb. H. Richter, Erlangen 1982, S. 225.»

Abb. 11 Ludwig Feuerbach um 1866. Heimatmuseum Bad Goisern, Konrad-Deubler-Gedächtnisstätte. Kurator: J. Pesendorfer.

Autorinnen, Autoren und Herausgeber

Hans-Jürg Braun

Geb. 1927, Studium der evangelischen Theologie, Pfarrer, Promotion 1969, Habilitation 1976, Leiter der Evang. Studiengemeinschaft an den Zürcher Hochschulen 1981-1992, Titularprofessor 1983.
Forschungsgebiete: Religionskritik, Religionsphänomenologie, Religionsphilosophie.

Endre Kiss

Geb. 1947, Promotion 1975, Professor am Lehrstuhl für Philosophiegeschichte der Philosophischen Fakultät der Universität Eötvös (Budapest), Forschungsprofessor (Kodolányi-Hochschule, Budapest-Székesfehérvár), Gründer des Postmoderne-Zentrums (Budapest), Széchenyi-Professor. Humboldt-Stipendiat, mehrere Gastprofessuren.
Wichtigste Forschungsgebiete: Philosophie- und Ideengeschichte Mitteleuropas bzw. Österreich-Ungarns; Friedrich Nietzsches Philosophie; das postkommunistische Phänomen (mitsamt Globalisierung).

Francesco Tomasoni

Geb. 1947, Studium der Geschichte, Philosophie und Theologie, Promotion in Philosophie und Theologie, Habilitation in Geschichte der Philosophie. Professor für Geschichte der zeitgenössischen Philosophie an der Università del Piemonte Orientale, Vercelli.
Forschungsgebiete: das Denken Feuerbachs; die Bewertung des Judentums in der deutschen Philosophie von Kant und Mendelssohn bis zu den Junghegelianern; die Frühaufklärung, bes. Christian Thomasius, die Platoniker von Cambridge (Henry More, Ralph Cudworth).

Heinrich Mettler

Geb. 1939, Studium der Germanistik und Philosophie, 1967 Promotion über «Natur in Stifters frühen Studien», 1965-1969 wiss. Mitarbeiter an der Professur für Philosophiegeschichte, 1970-1976 wiss. Assistent von Prof. Dr. Emil Staiger, 1976 Habilitation über Schillers «Ästhetische Erziehung», 1986 Titularprofessor für Neuere Deutsche Literatur, seit 1976 Deutschlehrer an der Kantonsschule Zürcher Oberland, Wetzikon.
Forschungsschwerpunkt: Phänomenologie.

Ursula Reitemeyer

Geb. 1955, Studium der Philosophie, kath. Theologie, Kunstgeschichte und Erziehungswissenschaft, Promotion 1983 am Philosophischen Seminar der Westfälischen Wilhelms-Universität Münster mit einer Dissertation über Ludwig Feuerbach, Habilitation als Assistentin des Instituts für Allgemeine Erziehungswissenschaft 1994 mit einer Arbeit über Rousseau.
Forschungs- und Lehrgebiete: Bildungs- und Sozialphilosophie von der Renaissance bis zur Moderne.

Judith Sieverding

Geb. 1973, Studium der Philosophie, Deutschen Philologie und Erziehungswissenschaften an der Westfälischen Wilhelms-Universität Münster, seit Juli 2000 angestellt am Institut für Allgemeine Erziehungswissenschaft der WWU Münster, seit 2001 Arbeit an einer philosophischen Dissertation, Schatzmeister und Sekretär der Internationalen Gesellschaft der Feuerbach-Forscher.

Werner Schuffenhauer

Geb. 1930, Studium der ev. Theologie (3 Sem.), Gesellschaftswissenschaften/Philosophie 1948-1952 an der Universität Leipzig, wiss. Assistent und Oberassistent 1952-1956 an der Humboldt-Universität Berlin, Promotion 1956, Habilitation 1966. Von 1956 bis 1991 an der Deutschen Akademie der Wissenschaften zu Berlin, Arbeitsgruppe Philosophiehistorische Texte, Leiter der Redaktion «Deutsche Literaturzeitung zur Kritik der internationalen Wissenschaft», Leiter der Berliner Arbeitsstelle der Leibniz-Akademieausgabe, Professor für Philosophie an der Akademie der Wissenschaften (seit 1975), Cheflektor Akademie-Verlag, Leiter des Bereichs Editionen am Zentralinstitut für Philosophie. Seit 1993 Leiter der Arbeitsstelle Feuerbach-Gesamtausgabe an der Berlin-Brandenburgischen Akademie der Wissenschaften.
Forschungsgebiete: Geschichte der Philosophie, Feuerbach.